Karl Bartsch

Beiträge zur Geschichte und Kritik der Kudrun

Karl Bartsch

Beiträge zur Geschichte und Kritik der Kudrun

ISBN/EAN: 9783743681989

Hergestellt in Europa, USA, Kanada, Australien, Japan

Cover: Foto ©ninafisch / pixelio.de

Weitere Bücher finden Sie auf **www.hansebooks.com**

BEITRÄGE

ZUR

GESCHICHTE UND KRITIK DER KUDRUN.

VON

KARL BARTSCH.

WIEN.
DRUCK UND VERLAG VON CARL GEROLD'S SOHN.
1865.

(AUS PFEIFFER'S GERMANIA X. 41—92. 148—224 BESONDERS ABGEDRUCKT.)

Die Beschaffenheit der einzigen so jungen Handschrift, die uns das Gedicht überliefert, wird die Kritik zu kühnerem Vorgehen nicht nur auffordern, sondern berechtigen. Sichere Ergebnisse werden aber nur gewonnen werden können, wenn man einmal von sorgfältigen Voruntersuchungen über Sprache und Versbau ausgeht, sodann wenn man den Text, den die Wiener Handschrift (*d*) in anderen durch ältere und bessere Handschriften bezeugten Gedichten darbietet, zu Hülfe nimmt. Am nächsten wird bei der vielfachen Verwandtschaft das Nibelungenlied liegen, welches der Dichter der Kudrun benutzte und nachahmte. Eine zuverlässige Vergleichung des Nibelungentextes *d* besitzen wir noch nicht; doch gewähren die in Hagens dritter Ausgabe (Breslau 1820) mitgetheilten Lesarten hinreichenden Stoff. Dasselbe Verfahren wird von anderen, nur in dieser Handschrift erhaltenen Gedichten, namentlich dem Erec und den beiden Büchlein Hartmann's, gelten, wenn man sie mit dem Texte des Iwein in derselben Handschrift zusammenhält. Dem Biterolf und Dietleib, der freilich nicht so verderbt ist, wie die langen und darum der Willkür mehr Spielraum lassenden Verse der Kudrun, wird durch den Text der Klage, der in *d* noch nicht verglichen ist*), vielleicht manche Besserung zu Theil werden.

Ich beabsichtige, auf nachfolgenden Blättern den kritischen Rechenschaftsbericht über meine Ausgabe der Kudrun niederzulegen, weil in der Ausgabe selbst nach der ganzen Bestimmung des Buches dazu kein Raum war. Ich werde zuerst die Beschaffenheit des handschriftlichen Textes nach gewissen, viele Stellen zusammenfassenden Gesichtspunkten betrachten, sodann die metrischen Grundsätze darlegen, die sich nach Bereinigung des Textes ergeben, ferner über Zeit, Heimath und Geschichte des Gedichtes handeln, und endlich nach Reihenfolge der Strophen die Veränderungen anführen, welche ich der Handschrift gegenüber mir erlaubt habe, wobei das, was meine Vorgänger für den Text gethan, nicht unerwähnt bleiben wird.

---

*) Einige Lesarten hat Holtzmann in der Einleitung zu seiner Ausgabe der Klage mitgetheilt.

I.

Bei dem weiten Abstande zwischen der Zeit des Dichters und der des Schreibers kann es nicht Wunder nehmen, wenn der letztere an Stelle älterer Sprachformen die seiner Zeit gemäßen setzte. Ich meine hier nicht nur die Übertragung von mhd. *î* in *ei*, von *iu* in *eu*, von *ou* in *au* u. s. w., denn das thun nach ihrer Mundart auch viel ältere Handschriften, sondern jüngere Wortformen. So steht das ältere *gern*, begehren, hin und wieder, wie 512, 4. 626, 3, meist aber *begern*, häufig dem Verse zuwider. Dieselbe Vertauschung kann man beim Nib. Texte wahrnehmen, dessen Zählung ich der bequemeren Vergleichung wegen Hagen entlehne. Nib. 1267. 1279. 1322. 1487. 2149. 4397. 4508. 4626. 4905. 5384. Kudr. 25, 3. 192, 1. 202, 4. 297, 2. 409, 1. 422, 2. 430, 4. 468, 1. 504, 2. 548, 1. 577, 2. 600, 4. 622, 4. 624, 1. 640, 4. 659, 1 u. s. w. An manchen Stellen wäre bei zweisilbigem Auftakte *begern* zu dulden gewesen, allein nach Maßgabe der andern war es besser, überall die ältere Form zu setzen. Ebenso ist *be* vorgeschoben in *betrog* statt *trouc* 71, 2. *bezwingen* = *twingen* 832, 4. *beweinen* für *weinen* Nib. 4208. 6815. 8359. Kudr. 1189, 4. *beraubet* statt *roubet* 1419, 4. *behalten* statt *halden* 1597, 3. *beherbergen* statt *herbergen* steht Nib. 2989.

Andere Belege bietet die präpos. *ge*: *gewern* für *wern* Kudr. 320, 1. 325, 4. 409, 2. 423, 2 u. s. w., *gezemen* statt *zemen* Nib. 203. 4994. 6217. 8318. 8434. 8525. Kudr. 1106, 3. 1294, 4. 1501, 1. *gehœren* statt *hœren* 1147, 2. *gesîn* statt *sîn* steht Nib. 6.

Ferner *er*: *erwerben* statt *werben* Nib. 4689. K. 1369, 3. *ersluoc* statt *sluoc* Nib. 3610. Darnach auch *erhebent* für *hebent* Kudr. 59, 3.

Ebenso *ver*: *verbergen* statt *bergen* Kudr. 72, 2, wo *verbarc* bei zweisilbigem Auftakte erträglich gewesen wäre. — *verdienen* statt *dienen* Nib. 3655. Kudr. 17, 4. *verheln* statt *heln* Nib. 1833. *verkünden* statt *künden* 2271, *versüenen* statt *süenen* Kudr. 1646, 1. Hier sei auch *verliesen* bemerkt, für dessen durch den Vers oft geforderte Nebenform *vliesen* die Hs. die unverkürzte setzt; vgl. 55, 4. 137, 1. 788, 4. 831, 4. 890, 4. 926, 4. 1449, 4; einmal steht *vleisen* 201, 2.

In diese Reihe gehört auch *beschehen* für *geschehen*; die Form mit *be* findet sich im 15. und 16. Jahrh. in Handschriften und Drucken sehr häufig, in älteren Hss. selten. Nib. 6567. Kudr. 25, 2, hier nur dies eine Mal. Ähnlicher Wechsel ist *beschniten* statt *gesniten* 430, 2. Umgekehrt steht *gewendet* statt *bewendet* 429, 2; vgl. 560, 3.

Aber nicht nur bei Compositionen, sondern auch bei einfachen

Nib. 1845. *garwen, gerwen*, prät. *garte*, daraus wurde *gurte* gemacht Kudr. 90, 1. 1376, 4. Denselben Fehler haben Nib. 7097 schon *CD*; ganz entstellt hat hier *d daurte*, ein andermal (Nib. 7085) hat *d beraiteten* statt *garten*.

Das Präter. von *houwen, hiew*, hat in *d* schwache Form, *haute*, vgl. 93, 3. 1407, 2. 1416, 2. Statt *jehen* steht *sprechen* 368, 2. 842, 4; Nib. 2928. 3298. 3427. 3513. statt *lêren lernen* 359, 2. 360, 1. *mugen* wird mit *kunnen* vertauscht 1463, 3; für *nigen neic* steht gewöhnlich Verbis findet solche Vertauschung statt. So steht *brach* statt *brast naigen naigte* 64, 1 und oft, einmal steht *giengen* statt *nigen* 336, 1. Sehr gewöhnlich ist *meinen* statt *waenen* in den Nib. 3628. 3782. 3808. 3947. 5908. 8255. 8278. 8432. 8552. Kudr. 832, 4. 1380, 3. Statt *warten* steht *schouwen* 1144, 3. Das präter. von *zogen* (schw. verb.) wird mit dem von *ziehen* im Plur. vertauscht. Nib. 721. 5193. Kudr. 635, 2. 840, 2; stärker entstellt ist 1454, 3 *zoget* in *zurnet*.

Auch Substantiva werden vom Schreiber in die entsprechende jüngere Form übertragen; statt *stat stades*, *gestade* steht gewöhnlich *gstat, gstades*; vgl. Nib. 2330. 2336. Kudr. 88, 4. 111, 1. 113, 1 u. s. w.; doch steht daneben *stade* 776, 4. Ähnlich ist *gesang* für *sanc*, 377, 2· 379, 3. *gewant* steht für *wât* 252, 2. 693, 1; *gebærde* statt *gebære* 329, 2. 334, 4. Bemerkenswerth ist ferner *in die hant* statt *enhant* 362, 1. *kreuter*, plural. von *krût* statt *krût* 83, 1, *die leute* oder *die leut* statt *daz liut* 1095, 1. 1614, 1, *mal* statt *stunde* 1550, 4.

Bei den Adjectiven ist namentlich die jüngere Form in *ig* zu bemerken; am häufigsten *lebentig* statt *lebende; lebentigs* statt *lebendes* und ähnl., vgl. 167, 3. 682, 4. 888, 4 u. s. w. Ebenso *hochfertig* statt *hôchverte* (adj.) 196, 2. 387, 3, *übermütig* statt *übermüete* 238, 3, *genætig* statt *genæte* 737, 1. Statt *unmâzen* steht *unmässlich* 128, 2. Statt *lützel* in vielen jüngeren Hss. *wenig*, so Nib. 520 u. s. w., ich habe daher häufig die jüngere Form entfernt.

Von Pronominibus hebe ich hervor den Gen. *sîn* statt des älteren *es*; zuweilen ist die ältere Form schon durch den Vers erfordert, ich habe sie aber auch sonst gesetzt; vgl. 42, 1. 48, 4. 369, 4. 927, 4. 1113, 4. Statt des relativen Pronomens steht *sô*, Nib. 1961. 5902. Kudr. 181, 4 und öfter.

Die Vertauschung von Partikeln ist ungemein häufig. Nib. 2570 steht *alweg* für *allez. alsam*, in der Kudr. gewöhnlich *als sam* geschrieben, vgl. 332, 1. 357, 2. 361, 1. 390, 3, auch *sam als* 649, 2. Im Nib. steht statt *alsam* öfter *alsô* 3147. 6674. 6683. Statt *alsam* steht auch *als* Kudr. 1397, 4; im Nib. steht *als* für *alsô* 2481. 3573. 4359. 4744.

dannen: dafür gewöhnlich *von dannen*, auch wo es dem Verse widerstreitet. Kudr. 234, 1. 739, 4. 784, 4. 804, 4. 899, 4. 1081, 4. *von dan* für *dan* 545, 1. Nib. 680. 785. 1285. 1295. 2764. 3072 u. s. w. Ganz ebenso ist *von hinnen* statt *hinnen* 250, 3. 260, 2. 407, 4 421, 4. 431, 4. 691, 3. 827, 4. 828, 4. 991, 4 u. s. w. Nibel. 1273. 1302. 1386. 3803 etc.

des, deshalb: dafür *dá von* 708, 4.

dicke, mit dem später üblichen *ofte* vertauscht, Nib. 564. 5794. 5831. 5834 u. s. w., von mir gewöhnlich in der Kudrun gesetzt. Die Hs. hat seltener daneben *dicke*.

diu 'desto'; die Hs. hat *dest, dester;* vgl. 3, 4. 832, 4. 1314, 3. 1382, 2. 1535, 4.

dô conj. 'als', ist wohl öfter durch *als* ersetzt, wenn auch *dô* in der Hs. die häufigere Form ist. Vgl. 69, 1. 95, 1. 540, 3. 607, 1. 869, 1. 1447, 2. 1473, 1. 1671, 3.

durch daz, 'deshalb weil'; in der Hs. gewöhnlich *dar umb das*, dem Verse widersprechend. Vgl. Kudr. 819, 1. 1079, 3. 1303, 4. 1531, 3.

ê 'vorher', dafür in der Hs. *vor*, 410, 4, wo ich mit Wackernagel *ê* geschrieben; vielleicht wäre es noch öfter zu setzen.

en beschränkend, mit dem Conjunctiv, in jüngeren Hss. häufig durch *danne* ersetzt; vgl. 1044, 2 und öfter, Nib. 1231. 3484. 4130.

gemeine, adv., durch *algemeine* ersetzt, Kudr. 137, 4. Statt *gerner* steht das jüngere *lieber* Nib. 8546.

harte, dafür in den Nib. und vielleicht auch Kudr. öfter *vaste*, vgl. Nib. 3102. 4745. 5132. 5882. 5930. 6848.

niwan, diese Form äußerst selten; meistens steht *nun*, vgl. Kudr. 537, 3. 1194, 3. Nibel. 655. 1048. 5724. 5928. 6183. 6371. 6807. 7062. 7243. Aber auch *wan* findet sich, was, wenn man *wane* schreibt, dem Verse auch genügte, doch habe ich nach Nib. 267. 801. 999. 2456. 3742. 4825 auch Kudr. 399, 4. 400, 2 und öfter *niwan* statt *wann* der Hs. gesetzt.

sam, 'ebenso', in der Hs. meist durch *alsô* ersetzt. Kudr. 548, 3 824, 3. 876, 4. 963, 2. 1474, 3. 1578, 3. Nib. 6644. 8400. 8413. Die Herausgeber setzen, wo *alsô* dem Verse widerstreitet, meist *als*.

sô: diese Form verlangt häufig der Vers, wo die Hs. *also* hat; vgl. Nib. 620. 1586. 2772. 3314. 3363. 4159. 4850. 5387. 5829. 6341. 6388. Kudr. 305, 3. 378, 2. 381, 4. 391, 4. 716, 3. 794, 1. 828, 2. 833, 2. 870, 2. 1003, 2. 1256, 3. Auch *als* steht fehlerhaft für *sô*, 312, 4. 367, 4.

swie 'obgleich', dafür hat die Hs. mehrmals *wie wol*, also genau unser nhd. 'wiewohl'. Nib. 2682. 7746. Kudr. 1571, 4.

wan; dafür steht mehrfach *nun* (vgl. *niwan*). Kudr. 234, 3. 427, 2. 230, 2. 1512, 1; einmal auch *nu* 776, 4.

wæn, 'ich glaube', in den Satz eingeschoben, in der Hs. meist *wann* geschrieben und wohl wirklich mit *wan* verwechselt, wie man aus der Umstellung *wann er* statt *er wæn* Nib. 6456 sieht. Vgl. Kudr. 167, 4. 223, 2. 534, 4 etc.

war, 'wohin', ebenso *swar;* für beide Formen setzt der Schreiber meist *wohin;* vgl. Nib. 1297. 2663. 4532. 4687. 6283. Kudr. 231, 3. 1491, 2.

Worte und Formen, die der Schreiber nicht verstand, wurden entweder oft bis zum Unsinn entstellt, oder dem Verständniss möglichst nahe gebracht. So wurde aus *frieschen*, das anderwärts blieb, *griffen* 60, 1 (vielleicht auch aus *gefrieschen*), wie Nib. 1567, 2 D, ein andermal (667, 4) ganz unsinnig *frieslichen;* aus *râmte* 97, 9 *lernte*, aus *nar* 97, 4 *not;* aus *erbaldet* 111, 4 *erkallet;* aus *urborte*, das anderwärts ebenfalls stehen blieb, 168, 4 *erbôt;* aus *genendicliche* 131, 4. 725, 4 *gnedicliche;* aus *wætlich* wurde *waidelich*, Nib. 96. 5164. 6276, Kudr. 140, 1 und Vollmer's Anmerkung. Aus *gemellich* wurde *gemainlich* 490, 4; vielleicht wäre die noch näher stehende Form *gemenlich* zu wählen; aus *hôher*, das anderwärts beibehalten ward, 525, 4, *her*, wenn nicht *hôher* ganz ausgefallen ist; aus *wege* 687, 2 wurde *welle;* aus *vâren* 1123, 4 wurde *varen* mit Veränderung einiger Worte, aber mit Verletzung des Reimes; vgl. *zwâre* statt *ze vâre* Nib. 8628, aus *minnen nemen* 1254, 4; *sân* 1583, 1 zu *an;* *ludem* 187, 2 zu *in dem;* *hiesch* 295, 1. 412, 3 zu *haisst;* vgl. *hiess* 145, 1; *aneme* (statt *an deme*) wurde entstellt in *an ainem* 93, 3, wie ähnlich *ener, jener* Nib. 322. 1581 in *ainer. iteniuwe* 430, 2. 454, 3. 460, 3 etc. zu *eytel newe; snêwes* (gen. von *snê*) wurde *schneeweiß* 503, 3. Aus *râwen*, ruhen, wurde *frawen* 1051, 2; aus *joch* wurde *auch* Nib. 4828. Kudr. 1116, 3. 1499, 3. Vgl. noch aus Nib. *wagen* statt *bâgen* 3520. *in den* statt *inner* 4713; wie *in ir* statt *inner*, Kudr. 199, 1; *im* statt *inner* 194, 4; *tugentlich* statt *tougenlich* 5670, *wec* statt *wâc* 6123, *veintlich* statt *vreislich* 6144, *sorgen* statt *lougen* 7185, *weidelich* statt *veiclich* 7743.

Der vor den Genetiv eines Eigennamens gestellte Artikel, der zu dem auf den Namen folgenden Worte gehört, wird in der Handschrift gewöhnlich *des*, bei Femin. *der* geschrieben, als wenn der Artikel zum Namen gehörte. So steht *des Sigebandes trawt* 82, 2 statt *den* oder *dem Sigebandes trût;* *des Waten maisterschaft* 365, 2 statt *die;* vgl. 457, 3. 550, 2 u. s. w. Nib. 965. 974. 1056. 1096. 2386. 2774. 2947. 3466. 4015 etc. Auch bei nachstehendem Artikel *sun des Sigebandes* 185, 1 statt *sun der* S., vgl. 110, 4.

ûzer; als präpos. häufig statt ûz durch den Vers erfordert. Nib.
811. 1731. 2396. 2765. 5705. 6425. 8236. Kudr. 59, 4. 110, 1. 120, 4.
378, 4. 892, 1. 1092. 4. 1175, 4. 1335, 4. 1573, 1. 1584, 3. 1644, 3.
1706, 3.
vil, dafür in jüngeren Hss. häufig *gar*, vgl. Kudr. 355, 4. 1197, 4.
vol in adverbialem Gebrauche durch *wol* ersetzt. Kudr. 181, 2.
394, 3. 942, 2. 1115, 2.

Bis hierher haben wir bewusste und absichtliche Änderungen des Schreibers betrachtet, die in dem Abstande der Zeitalter ihren Grund haben. Außerdem hat die Handschrift zahlreiche Schreibfehler; sie alle aufzuführen würde nutzlos sein, ich hebe daher nur diejenigen aus, die in einer oder der andern Beziehung bedeutend sind, namentlich solche, die den Charakter der Vorlage des Schreibers erkennen lassen.

Wir beginnen mit der Verwechselung von Buchstaben. Am häufigsten steht *r* für *u*, namentlich in *er* für *iu*; so *grosser* statt *grôziu* 54, 2. 1644, 1, *swinder* statt *swindiu* 67, 2 (vgl. Vollmer's Anmerkung), *reicher* statt *ríchiu* 184, 3. *dhainer* statt *deheiniu* 1511, 4, *ainer* = *einiu* 1235, 4. *der* statt *diu* 1010, 2. 1703, 4. Vgl. auch unten (im Abschnitt IV) die Bemerkung zu 11, 4. Nib. 7051 steht *starker* statt *starkiu*. Das häufige Vorkommen dieses Fehlers weist auf die Schreibung *ev* = *iv*, *iu* in der Vorlage; *v* sieht namentlich am Schluße einem *r* ähnlich. Vgl. *storp* statt *stovp stoup* 1019, 4, *sorgen* statt *lovgen lougen* Nib. 7185. Die Vorlage hatte demnach schon hin und wieder die österreichische Schreibung *eu* statt *iu;* darauf weisen auch andere Fehler: *den* statt *diu*, *deu* 1052, 2, *wem* statt *wiu*, *weu* 1230, 2, *es* = *iu*, *ev* 1033, 1. Aber *eu* war nicht durchgängig, sondern *iu* mochte vorherrschen; andere Versehen führen darauf hin, so wenn *irs euch* statt *ir sîn* 147, 4 steht, was durch *irsin* = *irsiu* der Vorlage erklärlich wird. *euch* statt *in* steht auch 438, 4. 842, 4, *ir* für *iv*, *iu* 1160, 1, *mich* steht für *iuch* 1253, 4, *nu* für *iu* 1484, 4. Nib. 922. 5069. Andere Verwechslungen sind *n* und *u*, was sich am leichtesten erklärt, *iu* statt *in* verlesen, 438, 4. 842, 4, *den* statt *deu*, *diu* 1052, 2 u. s. w. Ferner *b* und *h*, *haben* statt *hâhen* (vgl. Vollmer zu 202, 1. 1557, 1) 202, 1. 228, 4. 229, 2. 737, 4. *het* ⸺ *bæt* 1557, 1; *d* und *h*, *dô* statt *hô*, *hôhe* 445, 1, *l* und *h*, *leute* statt *huote* 234, 1, durch die Schreibung *lute* und *hute* erklärlich. *handen* statt *landen* 1625, 3. *n* und *h*, *hie* statt *nie* 475, 2. *nu* statt *hie* 828, 1; umgekehrt *hie* statt *nu* Nib. 4. *h* und *k*, *han* statt *kun* 538, 4. 1028, 1. *s* und *h*, *ist* statt *iht* 1420, 2. *z* und *h*, *gesahen* statt *gesâzen* 1306, 1. *z* und *v*, *zerschroten* statt *verschrôten* 545, 4; ebenso *zerhawen* statt *verhouwen* 778, 4. 1176, 4. 1507, 4, wohl weniger eine Buchstabenvertauschung, vielmehr waren die Zusammensetzungen dieser Worte mit *zer* dem Schreiber geläufiger. Ferner *n* und *r* in der häufigen Vertauschung von *vor* und *von*; *von* statt *vor* steht Nib. 2356. Kudr. 407, 4. 521, 3. 1126, 1. 1625, 3. *vor* statt *von* Nib. 2293. 4960. Kudr. 427, 3. 668, 1. 927, 2. 1003, 1. 1132, 4. 1142, 1. 1496, 1. *s* und *r*, *des* statt *der* 94, 2. 1096, 3. *es* statt *er* 1234, 4. *z* und *r*, *er* statt *ez* 315, 2. 491, 1. *balder* statt *baldez* 1032, 2. Die Form des Schluß-*r* sieht in Hss. einem *z* oft nicht unähnlich. *t* und *r*, *het* = *her* 110, 3. *t* und *s*, *es* statt *et* 223, 1.

Andere bemerkenswerthe und öfter wiederkehrende Fälle von Schreibfehlern sind *nu* statt *vil*, was sich leicht erklärt, wenn *uil* geschrieben war; Kudr. 451, 4. 1205, 4. 1279, 4. *und* statt *vil* 41, 3. Nib. 7707, durch *uñ* erklärlich, das einem *uil* in Hss. gleicht. *und* statt *nu*, erklärlich durch *uñ*, *nu*, Kudr. 965, 4; umgekehrt steht *nu* statt *und* Nib. 3601. *und* statt *wande*, *want*, *wan*, durch *wñ* und *vñ* begreiflich; vgl. *vnnder* statt *wunder* 1430, 4, durch *wnder* zu erklären. *und* statt *vant*, *vand* 74, 4. 411, 4. *nu* statt *ine* steht Nib. 2923. statt *iu* 922. 5069. Kudr. 1484, 4. *im* statt *nu* Kudr. 350, 3, was sich von selbst erklärt; ebenso wie *uns* statt *ims* 375, 2. 637, 4. Nib. 4927. 7500. *ynn* statt *umbe* 1099, 2 erklärt sich auf dieselbe Weise, indem *inn* statt *um* gelesen wurde. Ein verlesenes *i*, das in der Handschrift, die dem Schreiber vorlag, wahrscheinlich durch keinen Strich bezeichnet war, spielt eine ziemlich große Rolle. *mir* für *im* steht 210, 2. *mer* für *nie* Nib. 6030. *immer* statt *miner* 1452, 2. *ir sein* statt *irsim*, *irs im* 1112, 4. *mit* statt *reit* 1098, 1. Hierher gehört auch das häufige *in* statt *mit*, was durch die Abkürzung des letzteren Wortes (*m* mit einem kleinen *t* darüber) sich erklärt, Nib. 6966. Kudr. 157, 3. 385, 3. 448, 4. 485, 1. 742, 4. 1186, 3; vgl. Vollmer zu 102, 1. Umgekehrt steht *mit* für *in* 654, 2. 726, 1. 1352, 3. *dann* steht für *dâmit*, *dâ mite* 448, 3. Anders ist *mit*, fehlerhaft für *in ir* 742, 2. 1607, 4. Nib. 4977.

Ferner noch folgende: *das* für *dô* 679, 1, durch die Abkürzung *dc* zu erklären, die einem *do* ähnlich sieht. *deinen* statt *den* 149, 3. 1622, 3; beidemal ist *den* dat. plur., und man könnte daher die schweizerische Form *dien* in der Vorlage annehmen, woraus sich *dein*, *deinen* leicht erklärte; aber *deine* steht auch für den acc. sing. *den* 687, 3. *die* steht für *dise* 407, 4. 1579, 3. Ein anderer Gebrauch von *die* ist der für *dô*, auf den zuerst Haupt (Zeitschrift 2, 383) aufmerksam machte. Nib. 4980. 5309. Kudr. 174, 1. 724, 1. 1282, 4. Wahrscheinlich hatte die Vorlage aber in diesen Fällen nicht *dô*, sondern *duo*, was, wenn *du* geschrieben, wie häufig in österreichischen Handschriften (z. B. der

Vorauer), sehr leicht mit *dú* = *diu* verwechselt werden konnte, für welches letztere der Schreiber auch *die* setzte (vgl. Nib. 764, 4 B.). Denn im Reime steht 827, 1 *die*: *frû*, statt *duo*: *fruo*; eine ganz ähnliche Verwechslung ist dievon *rewe* und *ruowe* 287, 3 und *rewen* und *ruowen* 936, 1, durch die Schreibung *rûwe*, *rûwe* erklärlich. Ebenso muß die Schreibung *leute* statt *huote* 234, 1 durch *lúte*, *hûte* erklärt werden; vgl. oben S. 46. Ich habe daher überall, wo die Hs. *die* bietet, nicht *dô*, sondern *duo* geschrieben; es wäre sogar vielleicht überall *duo*, auch für *dô* zu setzen, denn in der Kudrun begegnet kein einziger Reim in *ô*, während die Nib. *dô*: *frô* häufig reimen, vgl. 16. 54. 163. 274. 340. 450. 604. 686. 830. 1381. 1444. 1615. 2102. — *ie* steht für *ir* Kudr. 10, 1. 1576, 2; ebenso *er* für *ir* 190, 1. 284, 4. *ewr* für *iu* Kudr. 1244, 4. Nib. 4231. 8274. — *in* statt *gein*, welche Form dem Schreiber wohl fremd war, 1143, 3. *nach* für *noch* 33, 4. 1239, 3. — *nu* statt der Negation *en* 648, 4, was auch sonst in Hss. des 15. Jahrh. häufig vorkommt. — *seit* statt *si* (nom. sing. fem.) 986, 4, was wohl durch *seu* statt *siu* zu erklären ist. — *sich* und *si* werden mehrfach vertauscht; *si* für *sich* steht 547, 3. 638, 1. 995, 4. *sich* für *si* 872, 1. — *volgten* steht statt *vlêgten* 1017, 2; vgl. 1050, 2. — *vremde* und *vreunde* (*vriunde*) werden vertauscht, was auch sonst vorkommt (vgl. meine Deutschen Liederdichter, Anmerk. zu I, 1); *freunde* statt *fremde* 313, 3. 1213, 3; am leichtesten erklärlich durch *fremide*. *freunde* steht fehlerhaft für *freude* 314, 3. 550, 4. 707, 2. — *waren* für *wurren*, wenn ich richtig gebessert habe, 1216, 4, erklärt sich durch *wrren*. Endlich noch *si muosten* 749, 1 statt *sin wisten*, wie Vollmer richtig geschrieben, in der Hs. stand wohl *sinwsten*, was *sinmûsten* ziemlich nahe kommt. *schuttens* für *suochtens* 972, 1, ein auch in den Nib. begegnender Fehler (s. unten die Bemerkung zu dieser Stelle).

Durch mehrere dieser Fehler gewinnen wir ein ungefähres Bild von der Beschaffenheit und Schreibart der Vorlage; dieselbe hatte *iu* und nach österreichischer Weise *eu* neben einander, *iu* war bezeichnet durch *iv* und *iu*, aber auch *ú*, letzteres namentlich im Inlaut, *eu* wohl meist *ev*; *uo* durch *û*. *i*, wohl durch keinen Strich darüber bezeichnet, hat sich in alterthümlicher Weise in *eltiste* (77, 1. 128, 1) noch erhalten und stand so auch in *fremide* statt *fremede*.

In Bezug auf die Consonanten ist namentlich zu bemerken, *ch* statt *c*, *k*, wahrscheinlich durchgängig; es findet sich bei dem Schreiber allerdings meist *k*, im Auslaut auch *g*, aber vereinzelt *rechen* statt *recken* 738, 3. *sich* statt *sic* (Sieg) 865, 3; der Name der Heldin, der in der Überschrift *Chautrun* (d. h. nach gewöhnlicher mhd. Schreibung

Kûtrûn) lautet, wird im Anlaut immer mit *ch* geschrieben. Im Inlaut findet sich *d* neben *t*, ersteres sogar häufiger. Die Form *Gûdrûn* ist durch nichts berechtigt; wer so schreibt, darf auch im Nibelungenliede nicht *Kriemhilt*, sondern muß *Griemhilt*, *Grîmhilt* lesen und sprechen.
— Statt *z* findet sich noch ein paarmal das in älteren Hss. häufige *c*, *ce* statt *ze* 179, 2. *merces* statt *merzen* 1217, 3. *mercischen* 1216, 4. 1218, 3. Am wichtigsten ist die Verwechselung von *z* und *h* (1306, 1); die alterthümliche Form des *z* in Hss. des 12. Jahrhunderts glich einem kleinen deutschen h (vgl. Germania 8, 274) und kommt nur noch am Anfang des 13. Jahrhunderts vor.

Die Schreibart einzelner Worte betreffend, hebe ich hervor *dú* statt *duo*, *dô*, *de* statt *daz*, wahrscheinlich *siu* statt *si* (ea), *vlêgen* statt *vlêhen*. Gefolgert werden muß die alterthümliche Schreibung *frowede* statt *frôude* aus 1352, 2, wo die Hs. hat *was er da schôner frawen schied* statt *waz er dâ schœner frouwen von ir froweden schiet*. Der Schreiber sprang von *frowen* auf *froweden* über. Die andern Herausgeber schreiben *friunden*; es würde dann die ebenfalls alte Form *friwenden* daraus folgen, die ich gesetzt habe, wo die Hs. *frewnden* hat.

Es ergibt sich mithin als wahrscheinlich, daß die Vorlage spätestens dem Anfange des 13. Jahrh. angehört haben muß. Wir werden auf diesen Punkt zurückkommen, da er natürlich für die Abfassungszeit des Gedichtes sehr bedeutsam ist.

Ungemein häufig erlaubt sich der Schreiber die Worte der Vorlage umzustellen, wohl nicht mit Absicht, sondern aus Nachlässigkeit und weil er von dem Baue der Verse keinen Begriff hatte. An vielen Stellen ist die Nothwendigkeit, die Wortordnung der Hs. zu ändern, schon durch die grammatische Construction und den Sinn geboten. So 164, 1 *man dô* statt des hs. *do man;* 186, 1 *vant man* statt *man vant;* vgl. 161, 4. 167, 4. 180, 2. 208, 2. 231, 1. 265, 1. 280, 3. 283, 3. 297, 1. 353, 3. 372, 3. 401, 4. 406, 2. 524, 3. 656, 4. 827, 2. 839, 2. 853, 2. 950, 4. 1025, 4. 1175, 4. 1632, 4.

Die Vergleichung des Nibelungentextes *d* mit den anderen zeigt, daß der Schreiber auch dort häufig umgestellt. Vgl. die Hagen'schen Lesarten zu 1893. 3063. 3182. 3330. 3598. 3797. 3909. 3995. 4073. 4110. 4963. 4974. 5060. 5281. 5443. 5860. 6055. 6535. 7123. 8292. 8335.

Daraus ergibt sich die Berechtigung der Kritik, auch in zahlreichen anderen Fällen dieses Mittels sich zur Herstellung des Textes zu bedienen, namentlich wird erreicht, daß die bei der Wortstellung der Handschrift entweder zu langen oder zu kurzen, überhaupt oft schlecht gebauten Verse auf ihr richtiges Maß gebracht werden. Für die am meisten entstellte achte Halbzeile kommt es am häufigsten in Anwendung. Vgl. 31, 4 *dâ mite er sîniu erbe* | *und sich selben solte zieren;* der Vers wird richtig, wenn man *mite* nach *solte* setzt. — 33, 9. *man müge mich vil lîhte* | *nâch edeler fürsten site gelêren*, wenn man *nâch*, das für *noch* verschrieben ist (vgl. oben), vor *gelêren* stellt. — 74, 3. *Hagene solte belîben* | *dâ niht aleine;* da ist zur ersten Hebung ohne Senkung untauglich, daher *Hagene dâ belîben* | *solde niht al eine*. Der Schreiber schloß sich der in Prosa üblichen Wortstellung an. Vgl. noch folgende Stellen: 4, 4. 80, 4. 95, 4. 129, 4. 137, 4. 148, 4. 157, 2. 182, 4. 199, 2. 203, 3. 207, 2. 218, 4. 255, 4. 261, 1. 4. 280, 4. 284, 4. 298, 4. 304, 4. 310, 3. 339, 4. 340, 4. 346, 4. 387, 4. 388, 4. 389, 2. 391, 2. 399, 3. 400, 1. 422, 4. 426, 3. 444, 2. 452, 3. 458, 3. 472, 3. 501, 3. 527, 2. 548, 2. 571, 1. 579, 2. 4. 583, 1. 605, 4. 683, 3. 694, 1. 696, 4. 710, 1. 714, 4. 719, 4. 779, 2. 790, 4. 835, 2. 841, 3. 854, 3. 4. 876, 3. 941, 3. 1056, 4. 1074, 4. 1083, 4. 1118, 2. 1128, 2. 1155, 4. 1292, 3. 1400, 4. 1432, 4. 1437, 1. 1511, 3. 1565, 4. 1675, 4. Die theils schon von andern, theils erst von mir vorgenommenen Umstellungen möge man im letzten Abschnitte unserer Abhandlung nachsehen.

Nicht nur innerhalb desselben Verses, sondern auch zwischen mehreren muß solche Veränderung der Wortfolge vorgenommen werden, zum Theil wieder aus bloßer Rücksicht auf den Sinn und die Construction, wie 304, 1. 2 *mit der gâbe Hôrant dô ze hove reit* und *Îrolt der starke. dem künige wart geseit; dô* steht in der Hs. in der zweiten Zeile vor *dem*. Vgl. 1073, 3. 4. Zum Theil und häufiger aus metrischen Gründen, wie 64, 1. 2. *sie begunden sagen* | *hôhe danken alle;* die Hs. hat *alle* vor *sagen*, und *ze danken*. 268, 3. 4. *er machte manigen man* | *vil gar unmüezic; vil* steht vor *manigen*. Vgl. noch 145, 3. 4. 432, 3. 4. 762, 2. 3. 848, 2. 3. 851, 3. 4. 1066, 3. 4. Auch über drei Zeilen erstreckt sich die Vertauschung: wie 736, 2 *ob sie helde hœten; helde* fehlt und steht 736, 4 überflüssig (*helden*). Noch weiter geht die Versetzung 309, 4, wo das dem Verse fehlende *wol* nach 308, 4 gerathen zu sein scheint.

Wir gelangen zu Zusätzen und Weglassungen. Die ersteren verrathen sich meist schon durch ihre Ungeschicktheit, durch die Verstöße gegen das Metrum u. s. w. Manchmal sind sie auch bloße Schreibfehler, die der Schreiber nachher auszustreichen vergaß; so 978, 2, wo der Schreiber nach *vnmûte* noch einschiebt *vil manige herzen laid*, in dem er von *vnmûte* auf *vnstæte* 979, 2 übersprang. Ähnlich verhält es sich mit 1122, 3 *daz ez wart jenen swœre* (: *wœre*), die Hs. hat noch *laid* vor *swære*; vielleicht stand hier *laid* als Erklärung zu *swære* am Rande und gerieth erst durch den Schreiber in den Text (s. nachher). Auf Zusätze des innern Reimes wegen werden wir später zu sprechen kommen; hier will ich auf eine andere Art von Einschiebungen aufmerksam machen. Wo nämlich das Subject oder Object nicht gleich in derselben Zeile steht, setzt die Hs. oft ein überflüßiges Pronomen personale. Solche Andeutung des Subjectes oder Objectes durch das vorausgeschickte Pronomen begegnet allerdings bei mhd. Dichtern (vgl. zu Stricker's Karl 4124); aber hier verräth sie sich durch den Versbau fast immer als unecht und vom Schreiber herrührend. So 224, 2 *mit tumplichen witzen begunden reden sît von edeler frouwen minnen Hôrant unde Fruote:* Hs. *begundens*. 573, 3 *daz niht ân erben wæren* | *lant unde bürge;* die Hs. hat *daz sy nicht*.

755, 3 *daz er ân urliuge ze lande wolde bringen* | *die schœnen juncfrouwen;* die Hs. *daz er sy*.

803, 3. *dô man über lant* | *mit der Hilden tohter fuorte ir ingesinde;* die Hs. *man sy*.

1015, 1. *wie möhte ich ziehen baz* | *die Hetelen tohter;* die Hs. *ich sy*.

1021, 1. *siu leiste güetlichen allez daz man hiez* | *tuon die maget edele;* die Hs. *man sy*.

1101, 3. *wie sie der wol gedienden, des vlizzen sich durch êre* | *die helde,* Hs. *vlissen sy sich*.

1125, 1. *die sluogen ûf den sê* | *daz edele ingesinde;* Hs. *slûgens*.

1410, 2. *einander sach man wern* | *mit hurte tiefer wunden die guoten ritter sêre;* Hs. *man si*.

Einmal sogar in derselben Zeile: 1178, 4. *daz du ûzer sorgen* | *læsest mich vil armen küniginne;* die Hs. *du mich aus* und nochmals *mich* nach *læsest*. Ich habe daher auch *buten* 834, 3 statt *puten sy* geschrieben, und 1290, 2 *dir* gestrichen, wenngleich hier der Fall insofern anders ist, als kein Dativ mehr folgt.

Die Richtigkeit der Beobachtung bestätigt das Nibelungenlied, indem 4723. 4863. 5566. 6037 und öfter die Hs. ein solches überflüßiges Pronomen hat.

Wiederum anderer Art scheinen manche zugesetzte Worte, die ich als Glossen betrachte, die ursprünglich am Rande standen und dann in den Text kamen. Der Art ist das oben bemerkte *laid* 1122, 3. Gewöhnlich hat der Schreiber noch ein oder das andere Flickwort hinzugefügt; ich citiere die folgenden Stellen nach Hagens Verszählung, und klammere die hinzugefügten Worte ein.

1149. *sô daz mohte* [*sein vnde*] *wesen; sein* hatte als Glosse von *wesen* ein späterer an den Rand der alten Handschrift geschrieben, der Schreiber nahm es mit einem beigefügten *und* in den Text auf. Diese Glossen sind wohl nicht viel früher als die uns erhaltene Abschrift der Vorlage anzusetzen.

2110. *die der næte [und des streites] nimmermêr gedâhten.* Am Rande stand *des streites* als Erklärung zu *der næte.*

2228. *dâ mohten die schænen [frawen].*

2655. *frâgen sie begunden [ir tochter] nâch râts sîner man; ir tochter* war Glosse von *sie,* die Aufnahme derselben führte die Veränderung von *begunde* in *begunden* mit sich.

2774. *da heime verlassen;* der Vers verlangt nur *verlâzen; da heime* ist wieder Glosse.

3386. *und wolden an in rechen [ir schaden und] ir anden.*

3818. *wir sîn [Ormanie] der Hartmuotes bürge nâhen.*

4046. *dannoch diente da alles das arme ynngesinde vnde waysen.* Der Vers verlangt *dannoch dienden allez dâ die weisen;* es stand also *daz arme ingesinde* als Erklärung von *weisen* am Rande und ward wieder in den Text mit einem *unde* aufgenommen.

4210. *daz siu mir sus nimmer [anders] getaete; anders* ist Glosse zu *sus.*

4384. *daz man nach Chaudrûnen Ortweinen sande;* schon Hagen hat richtig *bruoder* ergänzt; am Rande stand dabei *Ortweinen,* das nahm der Schreiber in den Text auf, ließ aber dabei aus Versehen *bruoder* weg.

4440. *daz den guoten helden | die [staine] magnêten niht geschaden kunden.*

4935. *sô wære in [ofte und] dicke geschehen leider.*

4990. *sô bin ich [Herwig] genant.*

5131. *dô hiez si ûz ziunen brechen unde [aus dornen] besemen binden;* die eingeklammerten Worte sind Glosse zu *ûz ziunen,* wofür der Schreiber falsch schrieb *aus ziehen.*

5319. *ûz der [frawen] kemenâten.*

5539. *mit [pogen und mit] armbrusten heizet | ûz den venstern schiezen.*

5620. *sam er mit sîner hende | an uns welle erdienen [vnd erzwingen] ein künicrîche;* lies *erdienen welle.*

5661. *mit den Holzsæzen [leute] manigen ersluoc.*

6248. *driu tûsent unde mêre : sie klagten ir friunde [haymlich] besunder; haymlich* ist Glosse zu *besunder,* wenn auch keine richtige.

6488. *du hast mit ir wunne, solt sy dir werden ze frawen vnndertan;* nach meiner Verbesserung, *solde siu dir werden | ze frouwen, du hâst mit ir wünne*, ist ein anderer Fall, hier liegt der Fehler der Hs. schon in der vorhergehenden Zeile, *gewan* statt *gewünne*, und dies veranlasste die Umstellung und die Ergänzung *undertân* in der folgenden. Verschrieben hatte sich der Schreiber 2426 *nicht enwære* statt *nicht verjæhe* (: *smæhe*); er schrieb daher *nicht enwäre noch veriähe*, um nicht ausstreichen zu müßen. Fehlerhafte Wiederholung durch Verirren in eine andere Zeile 132 *noch edlen fursten in das landt*, weil 131 (fehlerhaft) stand *nach edler fursten site*. 4448 *der kan euch [nach eren] das peste wol geleren*, aus 4447 *des lon ich euch nach eren*. 5980 *do muesset auch seinen helden [bey dem kunige] misselingen*, aus 5981 *da vieng man bey dem kunige*.

Schwieriger als die Zusätze sind die Auslassungen, d. h. für den Herausgeber die Ergänzungen, weil für diese sich so bestimmte Regeln nicht geben lassen. Es können unverständliche Worte ausgelassen worden sein, wie sie anderwärts entstellt wurden; aber das reicht nicht aus, alle Fälle zu erklären. Der Sinn verlangt ebenso wie das Metrum eine Menge von Ergänzungen. Die Vergleichung des Nibelungentextes bestätigt, daß der Schreiber größere und kleinere Lücken verschuldete. Wir gehen von den dem Sinne durchaus nothwendigen Ergänzungen aus; sie sind meist schon von Hagen beigefügt worden. Pronomina fehlen am häufigsten. Die Personalia *ich* 656, 3. 1088, 2. *uns* 549, 2 nach dem ähnlich aussehenden *man.* — *du* 129, 3. *ir* 368, 2. *iu* 1035, 4. — *er* 65, 1. 84, 2. 217, 2. 397, 1. 415, 3. 901, 2. — *si* (nom. fem.) 970, 3. 1007, 2. 1643, 3. — *im* 206, 3. *ir* 1039, 3. *si* (eam) 1228, 1. *man* 267, 2. 605, 2. 617, 4. 899, 2. 913, 3. 1304, 3. *manz* 352, 4 vor dem ähnlich geschriebenen *uns*.

Artikel: *der* 969, 3. *dem* 205, 2. *die* 1367, 2. *ein* 1368, 1. 1424, 2. Possessivum: *siner* 220, 3. Präposition: *von* 362, 2. 516, 3. 634, 1. 910, 1. 981, 3. 1643, 4. Conjunction: *und* 173, 2.

Aber auch Substantiva und Verba lässt die Handschrift aus. So fehlt *helm* 43, 2. *heiden* 705, 1. *fride* 826, 2. *strîte* 830, 4. *morgen* 1349, 4. *roup* 1562, 2. Verba: *wesen* 740, 4. *ist* 617, 2. *was* 623, 1. *hete* 901, 3. *suln* 543, 2. *mac* 662, 4. *möhte* 802, 3. *torste* 1492, 4. *gie*, vor gezogenliche 947, 2. *hôrte* 1130, 1.

Namen fehlen, die vielleicht in der Vorlage zum Theil nur durch Anfangsbuchstaben bezeichnet waren und daher leicht übersehen werden konnten. So fehlt *Hagene* 91, 4. 125, 3. *Gêren* 212, 3. *Wate unde Fruote* 490, 4. *Sîfrit* 718, 2. *Hetelen* 810, 3. *Kûdrûn* 1023, 3. 1046, 4. *Tene* 247, 1. *von Tenen* 245, 2. 747, 4. 875, 4.

Andere Auslassungen erklären sich auf graphischem Wege durch die Ähnlichkeit eines vorangegangenen, auch folgenden, überhaupt in der Nähe stehenden Wortes. So fehlt *ein* nach *fürsten* 32, 1. *vrowen* vor *Uoten* 46, 4; wahrscheinlich war *ûwen* und *ûten* geschrieben; *frouwen* ist auch 211, 2 ausgelassen. *nâch ir willen* vor *nâhen* 96, 4, wegen der Ähnlichkeit von *nâch* und *nâhen*. *in* nach *in* 188, 4. 357, 2; *in* nach *im* 191, 1; nach *ich* 1465, 4. *ir* nach *er* 194, 4. *ir* nach *iu* (*iv*) 1576, 4. *iu* nach *ich* 1463, 4, wie Nib. 4835 *iuch* nach *ich*. Umgekehrt *ich* vor *iu* 656, 3. *iu* nach *diu* 680, 2. *sô* nach *si* (fem. sing.) 200, 3, wahrscheinlich durch *sv́* (*siu*) zu erklären und daher eine Bestätigung für die von mir gewählte Schreibung *siu*, ebenso 215, 1. *sô* fehlt aber auch nach *si* (eas) 117, 3. an zwei Stellen 200, 3. 215, 1 vor *schœne*, und der gleiche Anlaut *s* kann den Ausfall bewirkt haben, denn *sô* fehlt auch vor *seine* 1189, 2; vor *sprach* 1349, 2; vor *sol* 251, 4. *er jach* fehlt vor *er nam* (statt *er næme*) 200, 4; der Schreiber sprang von dem einen *er* auf das andere über. *zuo* vor *ze* fehlt 258, 2. *vil* vor *vlîzeclichen* 299, 4; vor *willecliche* 538, 4. *von* fehlt nach *von* 373, 2. Nib. 4623. *bî ir* vor *in ir* 391, 4. *mêre* nach *nimmer* 421, 4. *iu* vor *iuwer* 436, 2. 1044, 4. *nu* nach *mir* 457, 2. *nâch ir* nach *ir* 485, 4. *leidiu mære*, wahrscheinlich *mere męre* geschrieben, nach *mêre* 532, 4. *dâ* vor *daz* 638, 4. *vrowe* nach *triwe* 684, 4. *ûz ir* nach *ir* 761, 4. *mit im* nach *Hartmûte* 835, 4. *aber* nach *oder* 839, 4. 1155, 2. *dâ* nach *sande* 871, 4. *daz man tuo* vor *daz man* 932, 1, 2. *mir* vor *mîn* 941, 4. 1249, 3. *dich* nach *ich* 1175, 3. *in der werlde* vor *inder* 1502, 4; vgl. 1497, 4. *von ir vroweden* nach *vrowen* 1352, 2. *küene der* nach *der* 1492, 2. *an ein permint* nach *pensel* 1601, 4. *nie* vor *mêr* 1328, 4. *ir* vor *ie* 1382, 4. *im* nach *mit* 1453, 4. *hin* nach *in* 1573, 2. *vor ir* vor *vrowen* 1573, 4. *et* nach *lât* 1597, 1. *iht* nach *ichz* 1633, 4. *von den* nach *den* 1682, 1. *heim* nach *im* 1691, 4. *dâ* nach *dô* Nib. 4293.

Unter diesen sind manche Ergänzungen, die ebenfalls dem Sinne nach nothwendig sind; die meisten aber erfordert das Metrum. Aus metrischer Rücksicht sind auch die folgenden von mir vorgenommen, die zum großen Theil Parallelen aus den Nib. haben. Pronomina sind auch hier sehr häufig, vor allem der Artikel in zweifacher Verwendung:

1. vor dem Pronomen possess. Nib. 599. 1252. 2664. 3012. 3318. 3371. 3607. 3615. 3619. 3631. 3643. 3755. 3911. 4107. 4118. 4120. 4155. 4220. 4296. 4600. 4799. 4904. 4921. 4936. 5052 etc. Kudr. 28, 4. 31, 3. 34, 3. 58, 2. 131, 4. 143, 4. 348, 3. 863, 4 etc.

2. als demonstrat. einen Begriff nochmals aufnehmend, wie 129, 3 *mîn vater der hiez Sigebant; der* fehlt Hs. Unter den Nib. Hss. lässt sich am meisten A den gleichen Fehler zu Schulden kommen. Un-

sere Hs. lässt das Pronomen aus Nib. 78. 233. 899. 1112. 1129. 1865. 1866. 1873. 1875. 1923. 2166. 2677. 3022. 3072 u. s. w. Kudrun 124, 3. 265, 3. 322, 1. 580, 1. 588, 3. 730, 1. 840, 1. 894, 4. 898, 3. Der Artikel fehlt auch sonst, *geslagen vil schedeliche wunden* 221, 4 statt *vil der schedelichen wunden*. *wie künic Hetele* statt *wie der künic H.* 420, 4, und so häufig vor *künic*, *herre*, *frouwe*; in Halbzeilen wie *dô sprach diu frowe Kûdrûn* etc., wo die Hs. meist hat *dô sprach fraw K.* Der gleiche Fall im Nib., wo auch A den Artikel oft weglässt. Nib. 1264 *dô gie der künec Gunther;* d lässt der aus. *den sach der herre Sifrit* 743, d liest *den sach her Sîfrit*. Vgl. noch Nib. 543. 2000. 3781. 4124. 4187. 4706. 5470. 5772. 6041. 7467. 8260, letztere Stelle dem in der Kudr. begegnenden Ausdrucke *von den Stürmen* ganz gleichstehend, wofür die Hs. meist hat *von Stürmen*.

Andere Pronomina: *du* 743, 4. *ir* beim Imperativ 405, 4. Nib. 7131. *iu* N. 3096. *er* N. 2712. *im* Kudr. 209, 1. Nib. 6326. *ir* (dat. fem.) Kudr. 1040, 1. *in* Nib. 3157. *ir* (gen. plur.), namentlich partitiver, 762. 3151. Kudr. 40, 4. 69, 3. 105, 4. 145, 2 etc. *sînem* Nib. 4058. *sînen* 4097. *deheinen* 6822.

Partikeln: *al: solh* statt *alsolh* Nib. 3478; vgl. Kudr. 82, 3, *des* statt *al des*.

beide in der Bedeutung 'sowohl', mit folgendem *und:* Kudr. 132, 4. 369, 4. 514, 4. 694, 4. 983, 4. 999, 4. 1307, 4. 1631, 4.

bî 89, 4.

dâ 204, 1. Nib. 1560. 1930. 3574. 5254. 5533. 8630. Vielleicht wäre auch in der K. noch häufiger ein *dâ* zu ergänzen, ebenso *dô* Kudr. 139, 4 etc. Nib. 1868. 2020. 3863. 4129. 6053. 6545. 6977. 7692. 8346. *dar* Kudr. 155, 1. 191, 1. *dan* Nib. 2524. *dannoch* Kudr. 302, 3. 698, 3. 850, 4. 891, 3. 1504, 4. 1547, 4. *noch* Nib. 560. 1200.

deste Kudr. 203, 4. *doch* Nib. 1872. Kudr. 120, 4.

en in beschränkenden Sätzen mit dem Conjunctiv und sonst: Kudr. 210, 3. 213, 4. 272, 4. 288, 4. 370, 3. 379, 4. 390, 3. 394, 2. 400, 1. 419, 4. 421, 4. 455, 3. 463, 1. 575, 4. 620, 4. 683, 2. 872, 4. 893, 3. 1044, 2 etc. Auch in Nib. häufig.

et Kudr. 1539, 4. Nib. 7182.

gerne 1023, 4. Nib. 7732. *gerner* Kudr. 343, 4.

grôze Nib. 4681.

harte Kudr. 42, 4. 69, 4. 126, 4. 322, 4. 375, 4. 458, 4. 510, 4. 698, 4. 710, 2. 979, 4. 1034, 4. 1129, 4. 1252, 2. 1399, 4. 1513, 4. 1607, 4. Nib. 1776, wo *harte* auch in A fehlt. 2512. 6729. *harte sêre* habe ich ergänzt 79, 4; vgl. *sêre*.

hie 1512, 4. 1520, 4. 124, 4.
hin, namentlich vor *engegene* 219, 3. 468, 1. Nib. 6276. Vgl. noch Kudr. 1186, 1.
hinnen 1090, 4. 1255, 4.
ie Nib. 3971. 4151. *mite* Kudr. 1129, 3. *nider* Nib. 3911. *nie* 5118. *nu* Kudr. 220, 4. Nib. 2005. 6009.
ouch Kudr. 498, 1. 773, 4. 840, 4. 1430, 1. Nib. 188, wo auch in A *ouch* fehlt. 467. 1638. 2154. 2236. 2851. 2899. 2930. 3031. 3391. 3728. 5522. 7740.
rehte Nib. 4970. *schiere* Kudr. 43, 2. 1611, 4. 1642, 2. Nib. 920; vgl. *balde* Nib. 2177.
sêre Kudr. 222, 4. 887, 4.
sô, nach *swes* 291, 2. 1294, 2; nach *swâ* 668, 2. 672, 1. 1298, 3. Vgl. Nib. 19. 415. 2992. 3228.
úf Kudr. 87, 3. vor Nib. 1784. *ze* 2508.
vil Kudr. 25, 4. 241, 4. 586, 2. 685, 1. 704, 4. 732, 3. 788, 3. 840, 1. 841, 4. 1531, 4. Nib. 8. 933. 1272. 1756. 1834. 2288. 3836. 4956. 5188. 6069. 6094. 6248. 6412. 7254. 7518. *wol* Nib. 2109. 3344. 6404.

Substantiva sind zu ergänzen: *degen* Kudr. 256, 1. 907, 1. 911, 1. *künic* 303, 4. 418, 4. Nib. 4662. *mære* 348, 1. *herre* 615, 4. Nib. 4549. *recke* 639, 1. 919, 2. 1107, 4. 1393, 4. 1395, 4. 1483, 4. *twâle* 655, 4. 697, 3. *stücken* 757, 3. *lande* 844, 4. *kocken* 1072, 3. *goume* 1316, 3. *froun* Nib. 5404. *teil* 6406. *slege* 8296. Auch hier sind viele dem Sinne nach schon nothwendig.

Adjectiva: *holn* 74, 4. *mærer* 185, 4. *wæhe* 530, 4. *liebe* 678, 2. *michel* 843, 1. *rîchen* 1115, 4. *ellenden* 1251, 4. Vgl. *starke* Nib. 3020. *grôzen* 1040. 3892. 4788. *guot* 4224. 4374. 5776. *schœne* 4682. 5324. *lieber* 6290. *arme* 6329. *meiste* 6743. *herte* 8433. *alle* 4981. 5408.

Verba: *rief* Nib. 4061. *grüezen* 8613.

Nicht nur einzelne, sondern auch mehrere Worte nach einander werden vom Schreiber ausgelassen; Beispiele bieten schon einige der graphisch zu erklärenden Lücken. Vgl. noch 86, 4. 277, 3. 717, 4. 814, 4. 823, 4. 855, 4. 878, 4. 886, 4. 896, 4. 1066, 4. 1075, 4. 1083, 2. 1099, 4. 1102, 1. 1105, 3. 1158, 4. 1167, 3. 1195, 4. 1264, 2. 1307, 3. 1485, 4. 1515, 4. 1614, 4. 1636, 4. Nib. 3133. 3472. 6086. Am meisten ist, wie man sieht, die letzte Zeile der Strophe der Entstellung ausgesetzt gewesen; das ist natürlich, dem Schreiber war ihre die andern

Verse überragende Länge auffallend. Er ließ daher meist in der zweiten
Hälfte, nach der Cäsur, etwas weg; mitunter aber auch die vordere
Halbzeile, so 228, 4. 240, 4. 313, 4. 669, 4. 942, 4; 477, 4 lautet die
vordere Halbzeile nur *geloube*. Die vierte Halbzeile ausgelassen 294, 2,
graphisch leicht zu erklären (s. unten die Bemerkung zu der Stelle).
Mehrmals hat der Schreiber eine ganze Zeile seiner Vorlage übersprungen. So 1, 2, wo ich mir die Vorlage so geschrieben denke.

z wůhs in irlande. ein ri-
cher chunic her. gebeizen was er
Sigebant. sin uater der hiez
Ger. sin můter dv́ hiez ́te. vnd was ein —

Die ersten Zeilen waren kürzer wegen der Initiale E, die am Beginn
des Gedichtes größer war als sonst; der Schreiber übersprang die dritte
Zeile. Derselbe Fall ist 341, 1. 2; hier stand in der Vorlage

Si enphieng in aller erste. ja
were ir lihte leit. ob sv́ in chussen solde. sin

Den Unterschied in der Länge der Zeilen machte nicht die Initiale
allein aus, sondern es war, wie man in den Hss. so häufig findet, der
Schluß der vorigen Strophe auf derselben Zeile wie der Anfang der
nächsten, also etwa

Si enphieng in aller erste. ja [chuniginne.

Es ergibt sich aus diesen Fehlern, daß die Hs. wie die älteren
Nibelungenhandschriften fortlaufend wie Prosa geschrieben war, wie
noch die Ambraser Hs. selbst geschrieben ist. Darauf weisen auch
die Fehler in 932, 1. 2. 951, 2. 3.

Die sehr häufigen Reime des Originals, in welchen bei klingendem Ausgang die zweite Silbe des einen Reimwortes auf *e*, die des
andern auf *en* ausgeht, hat der Schreiber fast immer durch ein dem *e*
angehängtes *n* auszugleichen gesucht, auch wo die grammatische Form
des Mhd. dagegen streitet. So 87, 3 *úf des meres strâze* (acc. sing.,:
lâzen), die Hs. schreibt *straxxen; den luft und ouch die sunne* (: *gunnen*)
95, 3. Hs. *sunnen; der edelen küniginne* (: *sinnen*) 152, 3. *lobeten hôchzîte* (: *rîten*) 35, 3, wo man aber auch mit der Hs. *hô hzîten* als infin.
schreiben kann; ebenso 666, 3 *michel arbeite* (: *bereiten*), könnte *arbeiten* sein. *die Hartmuotes mâge* (: *betrâgen*) 602, 3, Hs *magen. aller*
sîn gedinge (: *dringen*) 646, 4, Hs. *gedingen*. Vgl. noch 294, 3. 300, 3.
635, 3. 706, 3. 709, 4. 712, 3. 737, 3. 758, 4. 783, 4. 799, 4. 823. 3.
827, 3. 834, 4. 855, 4. 882, 4. 952, 4. 989, 3. 1010, 3. 1015, 4. 1037, 3.
1209, 4. 1241, 3. 1245, 4. 1373, 3. 1398, 3. 1469, 3. 1481, 3. 1525, 4.

1562, 4. 1587, 4. 1598, 3. 1646, 3. 1673, 3. Manche Stellen können schwankend sein, wie 294, 3. 300, 3, aber sie werden nach Maßgabe der sichern Fälle behandelt werden dürfen.

Seltener ist das umgekehrte der Fall, daß dem Reimworte auf *en* sein *n* genommen wird; so *krône : lône* 17, 3. statt *krône : lônen; manne* (statt *mannen*) : *danne* 256, 3. *Tenerîche : gemellichen* 354, 3; die Hs. *gämliche*. Vgl. noch 697, 4. 732, 4. 739, 4. 1113, 4. 1311, 3. 1556, 3. Mitunter aber ändert der Schreiber auch etwas stärker, um das missliebige *n* zu beseitigen. Namentlich setzt er häufig den Singular statt des Plural, seltener das umgekehrte. So schreibt er *rierdhalben meilen* (: *eilen*) statt *vierdehalber mile* (: *îlen*) 10, 4. *mit grôzer êre* (: *mêre*) statt *mit grôzen êren* 207, 4, denn der Plural. ist mhd. das übliche, ebenso *nâch grôzer sîner êre* (: *mêre*) 456, 3 statt des Pluralis; auch 204, 3 lies *nâch êren* (: *hêre*) statt *êre*. Ferner steht *in den selden* (: *helden*) statt *in der selde* (: *helden*) 345, 3. *ein helt ze sînen handen* 475, 4 (: *lande*). 1433, 4 (: *sande*) hat Vollmer richtig geschrieben, der Plural ist durchaus das herrschende; kommt auch der Sing. *ze sîner hande* zuweilen vor, so wird man doch in der Kudrun, gestützt auf die zahlreichen andern Stellen, den Plural setzen dürfen, der sich auch in der Hs. findet, vgl. 20, 4. 185, 4. 348, 4. *mit grôzem lassteine* (: *kleine*) statt *mit grôzen lassteinen* 790, 4. Vgl. noch 832, 3. 957, 4. 992, 1. 1005, 4. 1027, 4. 1028, 3. 1053, 3. 1070, 4. 1160, 4. 1181, 4. 1239, 3.

Noch stärkere Änderungen des Schreibers finden sich an folgenden Stellen. Er umschreibt das Verbum durch ein Hülfsverbum mit dem Infin.; so 242, 4 *daz ich dir die schœnen Hilden müge bringen* statt *daz ich dir die schœnen Hilden bringe* (: *gedingen*). 1088, 4 *swie joch mînen recken dâ gelinge* (: *bringen*); die Hs. *wie yedoch m. r. müge da gelingen*. 1629, 4 *dâ mite er mîne mâge | unde mich ze friunde gewinne* (: *minnen*); die Hs. *müge gewinnen*. Ebenso wird *künnen* verwendet; 893, 4 *ob ichz kan gefüegen | daz ich iuch von hinnen alsô bringe* (: *Hegelingen*); die Hs. *künne bringen*. *müezen*: 993, 4 *daz siu sich ir hôchverte mâze* (: *lâzen*), Hs. *hôchvart müeze mâzen*. *wellen*: 959, 4 *den lîp wil ich verliesen, ê ich in ze friunde gewinne* (: *minnen*), Hs. *wolle gewinnen*. 1039, 3 *mîn houbet ich ir neige* (: *eigen*), Hs. *wil ich ir neigen*. Umgekehrt steht *daz ich iuch immer gerne minne* (: *küniginne*) 1031, 4 statt *welle minnen*. Andere Fälle sind: *daz ich iuch lâze* (: *strâze*) 408, 4 statt des sinngemäßen *daz wir iuch lâzen*. *maneger wart dâ funden, der — gedâhte* (: *brâhten*) 527, 4; die Hs. *manige wurden dâ funden, die — gedâhten*. *ich wil daz ich Hartmuoten dicke bî ir froelîchen vinde* (: *ingesinde*) 970, 4 statt *ich wil Hartmuoten... vinden*. *lât mich mit ir wuschen, lât uns übele oder wol gelingen* (: *volbringen*) 1062, 4; das doppelte *lât* ist so ungeschickt wie möglich, es hieß *ob uns...gelinge* oder statt *ob* vielleicht *swie. allen meiden tuot ez ze êren* (: *kêren*) 1214, 3 statt *durch aller meide êre*. Auch hier liegt an allen Stellen nicht zwingende Nothwendigkeit vor; aber diese Art der Abänderung erweist sich als ein so bestimmter Charakterzug des Schreibers, daß auch an zweifelhaften Stellen die Annahme einer solchen wenigstens in hohem Grade wahrscheinlich wird.

Damit wären unsere Bemerkungen über das Verfahren des Schreibers erschöpft. Daß das hier angeführte erst diesem, nicht der Vorlage zukommt, ist mit Bestimmtheit anzunehmen, denn die Vorlage war eine alte und allem Anschein nach mit Sorgfalt geschriebene Handschrift.

II.

Wir wenden uns zur Darstellung des Metrischen, das für die Kritik von hoher Bedeutung ist; namentlich einer so jungen Handschrift gegenüber kann oft nur das Metrum den Ausschlag geben. In den hierbei von mir befolgten Grundsätzen (und sie finden nicht auf die Kudrun allein Anwendung) bin ich von dem Verfahren der bisherigen Herausgeber vielfach abgewichen. Der metrische Gebrauch der Kudrun ist auf der einen Seite enger, in andern Stücken gestattet er größere Freiheit als man bisher annahm. Sie zusammenfassend voranzustellen, räth die Rücksicht auf methodisches Verfahren, das an einer einzelnen Stelle nicht so überzeugend dargestellt werden kann als im Zusammenhange mit verwandten Erscheinungen.

Das Verhältniss von Hebungen und Senkungen ist in der Kudrun mit äußerster Sorgfalt behandelt. Zweisilbige Senkungen werden gar nicht geduldet, wohl aber gestattet der Dichter sich unter gewissen Bedingungen Kürzungen, die die Zweisilbigkeit vermeiden.

Durch Apokope werden gekürzt 1. Substantiva; starke masc. und neutr. im Dativ. singul. ; *mit bûhurt wart* 14, 1 sagen wohl alle Dichter. *lant* steht als Dativ oft im Reime, im Verse 1435, 4. Ebenso *mit ungemach genesen* 287, 4. *in dem strît gelungen* 511, 4. *in einem kiel bî Fruoten* 1183, 3. *sît duz bî Krist gebiutest* 1179, 4; noch stärker *in dînem dienst* 243, 4. Ob aber erlaubt ist, auch beim Eigennamen *Gêr dem rîchen künige* 2, 1 bezweifle ich; ich habe geschrieben *Gêre dem rîchen künige* mit schwebender Betonung im Anfang des Verses *Gê̂rè*. Im Plural gekürzt wird *friunt* 1357, 4. 1384, 4. Im Gen. plur. steht *lunt* als Reim 21, 3.

Pronomina. Unbedenklich werden die Formen *mîne, dîne, sîne, eine* auch vor Consonanten verkürzt. *min bürge* 661, 3. *mîn triuwe* 1281, 4. *mîn frouwen* 1434, 3 *dîn bürge* 816, 2. *dîn liebe* 401, 3. *dîn mâge* 1015, 4. auch *din mære* statt *dîniu mære* 1290, 2. *sin mâge* 8, 4. 18, 4. 1675, 1. *sîn site* 329, 2. *sîn tohter* 560, 3. auch *sîn lant* statt *sîniu lant* 731, 4. *ein spîse* 250, 1. *ein veste* 719, 3. *ein meisterinne* 1223, 3. *ein hütten* 1662, 2. *ein wîse* 1588, 4. Ich reihe hier auch gleich die syncopierten Formen an: *mîns gemaches* 246, 4. *mîns herren* 396, 4. *sîns willen* 626, 4. *sîns guoten willen* 769, 4. *sîns landes* 792, 2. *sîns herzen* 1440, 4. *sîns übermuotes* 1596, 3. *eins tages* 631, 2. *eins fürsten* 1008, 1; daher auch *Ortwîns* 1426, 1 erlaubt sein wird. Im Dativ ist *mîm* nur am Anfange nachweislich *mîm sune* 1364, 3, und nach der Cäsur, was dem Anfange gleich steht, *sîm vater* 178, 1; ebenso *z'eim êlîchen wîbe* 1043, 3.

Besonders zu betrachten sind die Wörter *geselle* und *gesinde*, weil vor ihnen auch stärkere Syncope des Possess. eintritt. Daher nicht nur *sîn gesellen* statt *sîne* 219, 2. 443, 3, sondern auch *sîn* statt *sînen gesellen* 876, 2. *sîm gesinde* 454, 2. 826, 3, 1135, 2. *mîm gesinde* 1054, 3.

Das Demonstr. *dirre* hat im Neutr. die zweisilbige Form *ditze*, nicht *ditz*. Vgl. *ditze starke mære* 428, 1; und 148, 1. 523, 3. 1249, 3. *ditz gewant* 1267, 2 wäre daher wohl besser *ditze gwant* zu schreiben (s. S. 63). Zu bessern waren 879, 1. 1061, 1.

Das Indifinitivum *dehein* erfährt vorn eine Kürzung in der Form *kein*, die neben der unzweifelhaft zweisilbigen durch folgende Stellen belegt ist 244, 4. 300, 3. 770, 4. 1054, 4. 1183, 4. 1457, 4. 1486, 4. 1676, 2. 1698, 4. Unerlaubt ist *al zît* 1051, 4 statt *alle zît*.

Adverbia verlieren nur durch Fehler der Hs. ihr *e*; unrichtig ist also *vil lût man dâ vernam* 49, 1, sondern *dâ* ist zu tilgen. Ebenso waren *lîht* 555, 3 *reht* 1018, 3 nicht zu dulden.

Von zweisilbigen Präpositionen wird gekürzt *âne, ân michel ungemüete* 1699, 4, wo auch *âne* stehen könnte; aber auch in letzter Senkung *ân nôt* 959, 1, und vielleicht auch 146, 1, wenn man nicht, wie ich gethan, *mich* streicht. Der gleiche Anlaut *n* erleichtert die Apokope. Sodann *umbe* in *umb* oder *um*, *úmb froun Hilden* 225, 3. *úmb sie striten* 252, 2; *umb dich* 1481, 4; auch in vorletzter Hebung: *úmb daz kint* 659, 1. In der Senkung: *umb Hágenen* 252, 2. *umb dise* 1010, 1.

Conjunctionen. Von Conjunctionen *danne* in *dann* oder *dan* 964, 4. 1223, 2. 1247, 4. 1514, 4. *wande*, das auch vorkommt, in *want* oder *wan*, 9, 4. 137, 2. 137, 4. 277, 4. 310, 4. 318, 4. 344, 2. 364, 3. 710, 4. 1024, 4. 1027, 2 etc. *unze* (auch als Präposition) in *unz*, in der Hebung *únz sie* 277, 3. 647, 4. 1106, 4. *únz mir* 997, 3; in der Senkung *unz dáz* 290, 3. *unz mán* 543, 3. 1609, 2. *unz wir* 839, 4. *unz morgen* 1270, 2. *unz daz* 1594, 4.

Am meisten zu beachten sind die Verba, namentlich die Abwerfung des *e* im Präteritum schwacher Verba. Allgemein wird das *e* abgeworfen, wenn ein mit einem *d* beginnendes Wort folgt. Demnach *habt' der* 70, 4. *hôrt die* 92, 4. *zurnt der* 144, 4. *hôrt der* 373, 1. *hôrt dá* 895, 1. *hôrt diu* 589, 3. *hôrt den* 649, 1. 927, 3. *muot daz* 106, 3. *wolt diu* 125, 3 *wolt dô* 903, 1. *volgt der* 150, 2. *volgt des* 1607, 1. *sagt die* 172, 4. *sagt daz* 391, 3. *sagt den* 406, 4. *sägt der* 1358, 2. *wert daz* 290, 3. *lobt der* 338, 1. *lobt diu* 561, 1. *möht den* 861, 4. *möht daz* 941, 1. *möht der* 1018, 4. *moht diu* 442, 4. *moht den* 706, 4. 783, 2. *moht der* 875, 1. *buozt der* 472, 4. *ruoft dô* 488, 1. 858, 1. 1431, 1 1489, 2. 1490, 2. *beweint diu* 504, 4, *waget der* 515, 1. *verendet der* 669, 4. *solt daz* 741, 4. *minnt den* 766, 4. *frâgt diu* 767, 4. *rûmt daz* 799, 2. *îlt diu* 802, 2. *klayet dâ* 901, 4. *kluget diu* 1262, 1. *kust des* 977, 4. *kust diu* 1584, 1. *muost den* 1008, 2. *quelt dô* 1057, 4. Anders ist *ruoft trûreclîchen* 521, 1, weil hier *ruoft* in der Senkung steht. *die dâ sunt diu meit* 690, 1 könnte auch heißen *die dâ sánde diu meit*. Zweifelhafter scheint es, wenn *d* die stehende Form im Präteritum ist, wie in *begunde, kunde*, daher wohl kaum *begund dem* 748, 4, sondern *began dem*; *kund des* 1444, 3, besser *kundes*.

Der zweite Fall, wo *e* allgemein abgeworfen wird, ist bei nachfolgendem Pron. person. So bei *sie*: *dúht sie* 644, 4. *redet siu* 658, 4. *gâht siu* 1361, 3. *sich*: *wert sich* 516, 2. 1427, 4. *wâfent sich* 1377, 1. *fuogt sich* 1666, 3. Am häufigsten bei *man*: *muost man* 38, 2. *hôrt man* 53, 1. 166, 4. 201, 4. 496, 1. 526, 2. 1117, 4. 1401, 4. 1466, 4. 1572, 2, einmal auch *hôrt mán* betont 915, 1. *brâht man* 114, 1. 692, 4. 933, 1; auch *brâht mán* 1236, 3. *lobt man* 342, 4. 578, 4. *sagt man* 489, 1. 709, 4. 773, 3. *dient man* 621, 3. *vestent man* 665, 1. *suocht man* 1299, 2. *solt man* 1585, 4. *wiht man* 1666, 4.

Wenn bei der 1. Pers. plural. das *n* vor folgendem *wir* abgeworfen wird, darf das vor dem *n* stehende *e* nicht wegfallen; also nicht *hôrt wir*, sondern *hôrte wir* 233, 3; ebenso fehlerhaft ist *schied wir* 488, 4. *lâz wir* 1514, 4.

Präterita in *ete*, deren erstes *e* wegen des harten Zusammenstoßes von Consonanten nicht unterdrückt zu werden pflegt, dürfen das letzte *e* abwerfen, ohne Rücksicht darauf, ob ein Vocal oder Consonant folgt.

Also *leidet bî* 24, 3 statt *leidete*, wenn man nicht *leite* schreibt. *liebet bî* 24, 3, und wohl auch *geliebet sich* 655, 2. *endet sich* 663, 1. *verendet sich* 114, 4. 663, 4. *endet* in der Cäsur 66, 4; ebenso *sich verendet* 379, 1. Daß der Dichter *endete*, nicht *ande* brauchte, geht aus 663, 4 hervor, wo er sonst den Misslaut vermieden haben würde. *trouwet mit* 511, 1. *trouwet niht* 681, 2. 921, 4. 1270, 3. *trouwet wol* 1230, 4; doch wäre auch *troute* erlaubt, wie *bouten* 873, 1. *fremdet sich* 611, 4. *minnet* in der Cäsur 1638, 2; vgl. dagegen *minnt* 766, 4. *salwet guoter* 1669, 3. *nähent zuo* 1074, 1. *bidemet von* (oder *bidemte*) 1216, 3. *wundet Hôranden* (oder *wunde*) 1424, 1. *kleidet man* 1610, 3. Auch *wundert waz* 1475, 2.

Ein paarmal wird, wie es scheint, *sagte* auch außer den erwähnten Fällen gekürzt, *man saget von ir* 580, 4. *sâget Hôrande* 1693, 1; ebenso *hôrte, hôrt vil* 1660, 4. 1668, 4. Dagegen ist *ruoft* kaum anzunehmen, sondern die starke Form *rief*, vgl. 1139, 1. 1263, 2. Ob *möhte* vor Consonanten in *möht* gekürzt wird, ist zweifelhaft; nach Fällen wie *möht gesîn* Nib. 6 (vgl. oben), wo die andern Hss. *möhte sin* lesen, ist auch *möht geniezen* Kudr. 3, 4; *möht getrouwen* 198, 4. 326, 3; *möht yescheiden* 649, 3; *möht gestrîten* 1445, 3 nicht als richtig zu betrachten. Noch weniger *möht sîn* 367, 3. *möht wohl* 869, 4. Ebenso ist falsch *im dient wazzer unde lant* als zweite Vershälfte 208, 1. *er brâht zwei hundert degene* 271, 2. *beweint vil dicke* 1094, 1. *fuort wol* 1400, 2.

Von andern Verbalformen als schw. präter. bemerke ich *wære*, das vor jedem Consonanten in *wær* verkürzt wird, aber nur in der Hebung; *wær daz* 370, 2. 1453, 2. *wær si* 590, 2. *wær diu* 657, 1. *wær der* 886, 3. *wær gevangen* 806, 4. 811, 2. *wær zergangen* 1476, 3. Ebenso *wæn, wæn der* 606, 4. 1237, 4. *wæn siz* 744, 4, *wæn si* 870, 4. *wæn dur* 1195, 3. *wæn mir* 1323, 4. *wæn die* 1365, 4. 1701, 4. *wæn des* 1680, 4. *wæn nâch* 1692, 4.

Endlich *lône* in der Formel *lôn dir got* 1311, 1. 1703, 4. Im flectierten Infinitiv wird das *e* abgeworfen in *ze sagen* statt *ze sagene* (: *tagen*) 286, 1; vgl. in der Cäsur *müelich ist ze lîden* 83, 2. Aber nur als Ausnahme; dagegen *ze lebene verdriezen* 209, 4 etc.

Falsch ist *rât dir* 149, 2. *gæb dir* 1290, 2. *hær waz* 422, 1. Ebenso in Nomin. *Hetel* statt *Hetele* 871, 1. *zwên* 471, 3. 772, 2.

Die Unterdrückung eines *e* im Inlaut durch Syncope ist verhältnissmäßig selten. Unbedenklich ist *mîns, dîns, sîns, eins, mîm eim* (S. 60); ebenso *zehn* in *ahtzehn tagen* 37, 1 als Versschluß; *frâyte* 27, 1. *volyte*, *vlêgte* 1017, 2. *gâhte* 462, 1. 464, 4 u. s. w. *ir welt* statt *ir wellet*, was daneben vorkommt, 78, 2. 652, 4, sogar *welt ir* 774, 4, wenn es auch nicht im Reime erscheint, wie in den Nibelungen. Dagegen *wellen* wird nicht in *weln* gekürzt, fehlerhaft steht *we'n* 1369, 3. 1551, 1. *dienest* wird zu *dienst* 243, 4. 1046, 1. *dieneste* zu *dienste* 79, 2. 248, 2. 382, 4; neben den volleren Formen *dirnest* in der Cäsur 225, 4. *dieneste* 83, 4. Sehr häufig ist *Ludwîges* statt *Ludewîges*, aber nur am Anfang des Verses, und nach der Cäsur, 855, 3. 899, 3. 1394, 3. Ähnlich ist *Hılıburge* statt *Hildeburge* 1680, 2, ebenfalls am Anfang. Der Laut *en* wird ausgeworfen im Partic. *diende* statt *dienende* 1487, 2, was allgemein mhd. ist.

Vereinzelt stehen *wârt mir* 1509, 4, was vermieden werden könnte, wenn man *ungnædic* schriebe, und *sâhn an im* 23, 4 nach der Cäsur, wo also auch schwebende Betonung eintreten kann, *sâhèn an im*. Mithin von derartigen Kürzungen kein sicheres Beispiel, denn *sâhn in* 137, 4 war durch Umstellung *in sâhen* leicht gebessert; ebenso *gesâhn ein ander* 1690, 3. Falsch ist *wârn* 88, 2. 506, 4. 1095, 1. 1216, 4. *wærn* 1534, 3. *fuorn* 667, 2. *füern* 739, 4. *türrn* 688, 4; ebenso *helft* 417, 3. *füert* 797, 3. *schafft* 944, 4. *schenkt* 1452, 4. *undr der* 864, 3.

Die Vorsilbe *ge* verliert in einigen Fällen ihr *e* am häufigsten vor *n*, so in *gnâde* 259, 2, denn *vâht genâde* ist nicht wahrscheinlich. Daher auch *vil gnædeclîchen* 74, 2, wo man sonst *vil* streichen könnte. *gnuoc* 645, 2. 692, 2. *gnuoge* 429, 3. 1143, 2; vgl. auch 356, 2, wo man *dâ* streichen dürfte. Nicht gewagt habe ich *gnendicltchen* 243, 4 und lieber die sicher bezeugte Kürzung *dienst* vorgezogen. Vor *w* in *gwalt* 474, 2. *gwinnen* 945, 4 und auch wohl *gwant* 1267, 2, wenn man nicht *dïtz* schreiben will (vgl. S. 60). 842, 2 habe ich das zweite *ir* gestrichen und *gewant* beibehalten.

Vor *l* gar nicht, denn *glîchen* 988, 4 ist durch Tilgung von *wol* zu bessern. Auch *be* verliert seinen Vocal nicht; *wolde blîben* 121, 2 ist durch Umstellung zu beseitigen, ebenso *solden blîben* 851, 3, wie V. geschrieben hat, nicht zu dulden, die Hs. hat *dâ belîben*. Die dritte Stelle 1002, 4 *âne blîbe* fällt durch die Tilgung von *ich* mit Vollmer.

Noch andere Mittel als Apokope und Syncope gibt es, um zweisilbige Senkungen zu vermeiden. Bei den Pronom. personal. tritt sehr gewöhnlich Anlehnung ein. Am häufigsten bei *sie*, vor Vocalen: *brâhtens im* 10, 2. 82, 3. *sprâchens* 127, 1. *tuildes* 253, 3. *sâzens* 337, 1. *muostens* 380, 3. *getrüeges* 399, 2. *kustes* 418, 2. *brâhtes* 425, 1. *rûmtens* 455, 1. *liezens* 468, 4. 781, 3. *ers* 678, 1. *soldens* 796, 4. *kômens* 897, 1. *wârens* 898, 1. *klagtens* 1069, 3. *truogens an* am Schluße des Verses 1194, 2.

Vor Consonanten: *enphiengens minnicliche* 79, 1. *ers* 162, 2. 575, 3. *woldes* 201, 3. 560, 4. 666, 4. *woldens* 883, 4. *soldens* 1336, 2. *begundens* 224, 2. *begundes* 1057, 3. *fuortens* 282, 1. 1537, 4. *möhtes* 382, 2. 1017, 3. *möhtens* 1555, 4. *sis* 426, 4. 984, 1. *wirs* 1090, 2. *muosens* 486, 4. 562, 4. *wurdens* 568, 4. *wärens* 653, 4. *giengens* 789, 4. *sâhens* 854, 1. *kundens* 875, 4. *wistes* 1240, 4. *fundens* 1274, 2.

Da die Anlehnung in diesem Falle, namentlich bei vorgehendem Consonanten, etwas hartes hat, so habe ich sie ein paarmal durch Umstellung vermieden, vgl. 537, 1. 582, 2. 747, 3. 1453, 4. Dies war um so weniger bedenklich, als die Hs. eine fehlerhafte Vorliebe für die Inclination zeigt; so schreibt sie ganz unnöthig *des wurdens beråten* 104, 3 statt *wurden si*, ebenso Nib. 6000 *sis*, wo alle Hss. *si si*. Fehlerhaft ist geradezu *ims* 583, 4. 589, 4, wo der Vers *im si* verlangt. *es* nach Consonanten: *nâmens war* 56, 3. *gewunnens künde* 79, 2. *michs* 247, 2; auch *des*, *sis* statt *sie des* 1504, 2.

im, *erm* statt *er im* 216, 4. *irm* 1124, 4. *in: enphiengenn* 96, 1. *ern* 453, 2.

ez, muostenz 104, 4. *kunnenz* 286, 1. *teildenz* 708, 3. *sultz* 1345, 4. *wirz* 148, 3. *manz* 202, 4. Unnöthig *manz* statt *man ez* 700, 4.

Der Artikel wird in verkürzter Form präfigiert, *sküniges* statt *des küniges* 821, 2. 884, 1. 1084, 2. *die*: *d'andern* 824, 3. 1474, 3. 1660, 4. *d'erde* 1463, 2.

In dem ersten und letzten der hier aufgeführten Fälle findet Elision statt; diese ist natürlich ein ebenso häufiges Mittel zur Entfernung zweisilbiger Senkungen. Die Elision auf der Hebung gewährt keine Schwierigkeit; ich bemerke nur die Elision von *u* in *du, des soltu uns helfen biten* 423, 1. In der Senkung werden zweisilbige Worte mit erster Länge in der Regel nur im Auftakt zur Elision verwendet: *laeg dl daz lut tôt* 62, 3. *ân angvst* 283, 1. *juort ér* 698, 2. *trouw ich* 998, 3. 999, 3. *wolt ér* 1226, 4. 1472, 4. 1558, 4. *wird ich* 1284, 2. 1285, 4. *ditz ist* 1480, 1. *frowe éz* 1605, 1. In der Mitte des Verses nur *ân alle sorge* 408, 4. *muos in* 209, 4. *stüend ir gedinge* 1673, 3, wenn man nicht schreibt *dar stüende ir gedinge*. Bei vorletzter Kürze *dar bî sih ich hern Fruoten* 1370, 2. Auffallend ist die Elision bei dem Namen, *Wate und der küene Fruote* 1544, 4.

Dreisilbige Wörter, deren drittletzte Silbe lang und hochtonig, die mittlere lang und tieftonig ist, die letzte auf ein unbetontes *e* auslautet, elidieren vor einem vocalisch anlautenden Worte dies *e*. *bî vâlande aller künige* 516, 1. *die baniere allenthalben* 830, 1 [*]. *wie ungerne*

---

[*] In dem Fremdworte wird die erste Silbe als lang betrachtet

ich dich kuste 978, 4. *waschende ûf dem sande* 1060, 4. *antwurte ir* 1185, 1. *hêrwîge und* 1493, 4. *diu triutinne Ortwines* 1703, 1.

Dem Beispiele 1544, 4 wo *Wate* elidiert, steht gegenüber der Fall, daß ein zweisilbiges Wort mit vorletzter Kürze und schließendem *e* vor folgendem Vocale dies *e* nicht ausstößt, sondern daß dasselbe die Senkung bildet; der Art ist *Wáte únde Hágene* 513, 3, wie Nib. 2027, 4 *fríde únde súone*. Nach der Hs. wäre zu lesen *Wate und ouch Hagene*, was aber nicht *Wáte und oúch Hágene* betont werden darf. Beide Stellen 513, 3 und 1544, 4 sind sicher gleich zu behandeln; entweder ist *der küene*, wie Vollmer thut, an letzterer Stelle zu streichen, oder an der ersten fehlt ein Adjectiv, etwa *Wate und der wilde Hagene* oder *Wate der alde und Hagene*. Erlaubt wäre *züge âne vorhte* 635, 2; fehlerhaft *ime und* 773, 4.

Alle zweisilbigen Senkungen, die in den genannten Fällen nicht inbegriffen sind, beruhen auf Fehlern. Der bei andern Dichtern gestattete (aber immerhin viel mehr, als man gewöhnlich annimmt, beschränkte) Gebrauch, daß vor *be, ge, ze, ver* noch eine auf unbetontes *e* auslautende Silbe in der Senkung stehen darf, ist für die Kudrun nicht zuzugeben. Also nicht *die liute begunden* 53, 2. *sêre betrouc* als Versschluß 71, 2. *die vinde begundenz rüeren* 701, 2, wo erst der Inreim des Überarbeiters den Fehler veranlasst hat. Ebenso ist fehlerhaft *ungemache genesen* 287, 4. *müeze gewern* 409, 2. *harte gewerren* 611, 4. *sæhe gebâren* 678, 1. *mohte genüegen* 753, 4. *bürge gebrochen* 823, 1. *slahte gedingen* 852, 3. *slahte gebresten* 1106, 4. *herte gemuot* 1002, 2. *welle gesigen* 1349, 1. Ferner bei *ze, mære ze* 574, 4. *beide ze* 753, 4, so wie bei *ver, schumphentiure verlân* 646, 2. *heime verlâzen* 693, 4. Auch kein geschwächtes *dez* statt *daz, vil dicke dez schœne wâfen* 361, 3.

grâve und *herre*, die schon im 13. Jahrhundert in der Aussprache zu *grâf* und *herr* verkürzt und so im Verse gebraucht wurden (vgl. Strickers Karl S. LXXXIX), behalten ihre volle Form. *der grâve von Garadie* 116, 4. 117, 2 ist daher fehlerhaft und beidemal *ûz* statt *von* zu lesen, wie auch 242, 4 *Fruote ûz Tenemarke* statt *F. von T*. Fehlerhaft ist auch *der herre von Ormanîne* 1469, 3, lies *dâ her von Ormanîne*.

Harte Syncopen sind nicht erlaubt, natürlich am wenigsten bei consonantischem Anlaut des folgenden Wortes, *mohten die* 557, 2. *wurdn der* 791, 4. *strîts geschæhe* 281, 3; aber auch nicht vor Vocalen: *trinkn und* 80, 2. *wurzn und* 82, 1. *wizt ir daz* am Schluße des Verses 118, 2. *kômn in* 135, 2. *vorhtn in* 137, 4. *truogn an* 181, 1. *fürhtn ob* 317, 2. *gewertn in* 320, 1. *mohtn entwîchen* 513, 4. *schuofn in* 527, 2. *kômn in* 781, 4. *morgn unz* 1041, 3. Irrig ist daher was Müllenhoff S. 114 fg. behauptet.

3

Wörter mit *iu* oder *ou* im Stamme dürfen diese Silbe nicht mit der folgenden verschleifen; unerlaubt ist daher *die frowen erbiten küme* 329, 4, sondern es muß heißen *frouwen biten*, ebenso *frowe*, *durch dinen willen* 402, 4, was am Anfange noch erträglich wäre, ich habe lieber umgestellt. Falsch ist auch *dâ schowet er flizicliche* 1144. 3, wo *schowet* an Stelle des älteren Ausdruckes *warte* getreten ist (vgl. oben). Vollmer schreibt unwahrscheinlich *schoute*; wenn auch *houte troute* nicht unglaublich, so ist doch *schoute* eine ganz junge Form. Auch das von Haupt vorgeschlagene *in zowet es harte kleine* 1454, 3 war aus diesem Grunde zu verwerfen; ebenso wenig ist zu billigen *mit rehten triwen gelône* 1586, 4. Anders verhält es sich mit *frewen* in *des frewent sich mine sinne* 561, 3; *ew* ist eine wirkliche Kürze und wird daher im stumpfen Reime verwendet, was bei *iw*, *ow* nicht der Fall ist. Übrigens könnte man auch *freunt* oder *min* schreiben.

Von den bisherigen Beschränkungen ist der Auftakt ausgenommen, dem mehr als éine Silbe gestattet ist. Aber auch nicht mehr als zwei; kein dreisilbiger begegnet in dem ganzen Gedichte. Wir unterscheiden den Auftakt am Beginn des Verses und den nach der Cäsur. Kaum darf als zweisilbiger Auftakt die Verschleifung zweier Silben betrachtet werden, wie *so er* 3, 4. *ja erstênt* 5, 3. *do erloubte* 43, 1. *do erkande* 144, 3. *si errant* 153, 4. *so ist* 1297, 3 u. s. w.

Wirklich zweisilbigen Auftakt bilden die Fälle, wo den Vorsilben *be*, *ge*, *er*, *en*, *ver* noch eine Silbe im Auftakt vorangeht. So *si begunde* 22, 2; und ebenso geht *si* vorher 82, 1. 646, 3. 670, 4. 745, 1. 891, 3. 1118, 3. 1556, 4. 1658, 4. 1665, 3. 1690, 4. *ez be* bildet den Auftakt 59, 1. 198, 2, und ebenso zu *be* die Worte *des* 102, 4. 1704, 1. *do* 116, 1. 189, 2. 265, 2. 668, 1. 1082, 3. 1466, 3. 1541, 1. *er* 166, 3. 748, 4. 778, 1. *der* 1538, 1. *wir* 317, 1. *man* 603, 4. 1541, 3. *wol* 178, 1. *noch* 203, 1. Ebenso häufig steht *ge* als zweite Silbe des Auftaktes. *do gewan* 101, 4. *daz gedâhte* 103, 2, und *daz* noch 803, 4. 1134, 1. 1410, 2. *er geht voraus* 112, 4. 611, 1. 1234, 4. 1441, 1; ferner *so* 131, 3. 1192, 4. *des* 217, 4. 665, 4. 1078, 3. *der* 204, 3. 608, 4. *si* 263, 4. 940, 4. 963, 4. 1163, 4. 1200, 4. 1554, 4. 1318, 3. *nu* 643, 2. 1341, 3. *die* 1456, 4. *ir* 1563, 3. 1691, 1. *ich* 407, 3. 475, 4. 1172, 3. 1345, 2. *ja* 1045, 4. *und* 1479, 3. *wie* 561, 4. 815, 4. *ein* 392, 1. *man* 785, 2. 1393, 4. Vielleicht auch *swer* 615, 2.

Seltener die übrigen: *er* nach *ez* 373, 4. *im* 416, 3. *ich* 1295, 1. *ir* 1365, 3.

en nach *ich* 34, 4. *er* 557, 3. 624, 3. *den* 574, 2.

ver nach *do* 92, 4. 895, 2. 1134, 2. *und* 93, 3. *er* 579, 1. 1171, 4. *si* 857, 4. 1474, 1. *die* 1148, 3. *so* 1159, 4. *ir* 1276, 2.

ze als zweite Silbe wohl kein einziges Mal, denn für *da ze Gîvers* 1128, 4 kann man auch die sonst übliche Schreibweise *datz* wählen. Der Artikel steht als zweite Silbe des Auftaktes: *in den næhsten* 22, 1. *in den segelen* 853, 4. *in die gruntlôsen* 1127, 3. *do die êrsten* 781, 4. *von der burc* 1118, 4.

Personalpronomina als zweite Silbe: *si* nach *daz* 252, 3. 750, 4. 1133, 4. nach *ê* 902, 4. nach *so* 1265, 4. *er* nach *daz* 411, 2. 669, 3.

Partikeln als zweite Silbe: *mit so* 372, 3, wenn man nicht betont *mit sô hêrlîcher stimme. die mit strûbendem hâre* 1299, 3.

Ein zweisilbiges Wort bildet den Auftakt; die Fälle sind selten, am leichtesten, wenn die vorletzte Silbe kurz ist und ein vocalisch anlautendes Wort auf das consonantisch schließende folgt: *über allez* 1207, 4, zu lesen *übrallez*. Aber auch bei folgendem Consonanten: *wider mórgen* 385, 3. *iwer váter* (oder *iur*) 396, 3; vgl. 831, 4. 893, 2. *oder danne* (oder *od*) 578, 3.

Die vorletzte Silbe ist lang; auch hier ist der Fall leichter bei vocalischem Anlaut des nächsten Wortes; so *under einem* 26, 3, zu lesen *undreinem;* ebenso 479, 1. *under allem* 1154, 4. Bei consonantischem Anlaut: *quoten morgen* 1220, 4.

Den Auftakt bilden die beiden ersten Silben eines zusammengesetzten Wortes. *willekomen* 1575, 4. 1577, 3.

Beseitigt habe ich *dîner* 817, 2. *sînen* 885, 1.

Der schwerste Fall ist der, wenn die zweite Silbe ein einsilbiges Wort von höherem Gewichte als die erste bildet, namentlich wenn sie ein Verbum ist. Der Fall begegnet zweimal bei *hân: ich hân* 1001, 4. *nu hân* 1250, 4. Zu ändern war *man sachs* (Hs. *man sach sy*) *lóufen unde springen* 813, 4.

Dieselben Fälle finden wir auch im Auftakte der zweiten Vershälfte, nach der Cäsur, aber im Ganzen seltener. Erleichtert wird der Auftakt und ist kaum als zweisilbig zu betrachten, wenn die Cäsur vocalisch schließt, die zweite Hälfte vocalisch beginnt, meist mit einem einsilbigen Worte, das dann gewissermaßen noch zur ersten Hälfte gezogen werden muß, wie 2, 2 *dienden vil der bürge. er het siben fürsten lant*, als wenn man läse *bürg'-er | het*, nur daß man dann keine Pause machen darf; die Pause besteht nur darin, daß der Ton um eine Mora länger auf *bür* verweilt. Ebenso *der grîfe lie sich nidere | und beslôz daz kindelîn* 58, 1, zu lesen *nider und | beslôz*. Vgl. Lachmann z. Nib. 319, 1. 588, 2. 1692, 3. Ferner Kudr 91, 3. 235, 3. 239, 2. 280, 2.

399, 2. 436, 2. 446, 3. 641, 1. 668, 4. 872, 2. 911, 3. 943, 3. 1043, 4. 1238, 4. 1364, 3. 1394, 3. 1465, 2. 1555, 3. 1573, 3. 1677, 2. 480, 1 findet bei solcher Verschleifung zugleich veränderte Betonung des nächsten Wortes statt

Trôlt von Nortriche und | Môrunc von Friesenlant.

Gebessert habe ich 23, 1, indem ich *vil*, 45, 1, indem ich *ez* tilgte. Aber auch wenn die zweite Hälfte mit einem zweisilbigen Worte beginnt, findet solche Verschleifung statt: zwar 1321, 3 *mîne | über allez* kann auch *überallez* gelesen werden, aber 1298, 3 gehört hierher *swâ sô man sie vinde | under Gêrlinde wîben;* es muß gelesen werden *vind-un | der.* Dieses zweiten Falles, der auch in den Nib. häufig genug ist, gedenkt Lachmann an den erwähnten Stellen nicht.

Nicht immer jedoch schließt die erste Hälfte vocalisch, lautet die zweite vocalisch an. Manche Stellen zweisilbigen Auftaktes nach der Cäsur sind zu berichtigen: 11, 2. habe ich *beide* gestrichen; 13, 4 ebenso *künic vil;* 56, 1 umgestellt; 114, 2 *mit in* gestrichen, 451, 2 *ez*, 467, 2 *vil.* Vgl. noch 580, 3. 715, 4. 788, 2. 808, 2. 820, 1. 1116, 1. 1332, 2. Ferner findet häufig Verschleifung der beiden ersten Silben in eine statt. *do en-* 153, 4. *so en-* 404, 1. *so er-* 1241, 4. *zwiu er-* 964, 1; aber auch *die ir* 283, 3. *die er* 407, 3. 517, 1. *die in* 896, 2. *swie ich* 1063, 1. *die uns* 81, 3. *mir ist* habe ich *mirst* geschrieben, 219, 1. 421, 1. 457, 2.

Die übrigen Fälle ordnen wir wie vorher. 1. Es stehen die Vorsilben *be, ge, er, en, ver, ze* als zweite Silbe. *be* nach *si, si bereiten sich* 265, 4. *si begunden* 1528, 4; nach *ze* 286, 4. nach *mich* 837, 3. *ja* 1558, 4. *ge* nach *die* 293, 4. 447, 1. 1133, 1. nach *ja* 456, 4. 726, 4. 1282, 1. nach *des* 708, 4. nach *in* 830, 1. 890, 3. nach *so* 837, 4. 1267, 4. nach *daz* 914, 2. nach *si* 1047, 2. nach *er* 1050, 3. Nach *wie* 77, 1. nach *wan* 89, 1.

en nach *man: man enslôz* 764, 3. er nach *der: der erarnde den solt* 392, 1. nach *man: man erkande* 564, 4. *ver* nach *si: si versähen sich* 467, 4. *si versuochtenz* 829, 3. Ziemlich auffallend steht *ge* nach *wart: wart gegrüezet* über *al* 486, 1, wenn nicht *wart* zur ersten Vershälfte zu ziehen ist.

Der Artikel bildet die zweite Silbe: *der* nach *mich* 191, 2. nach *von* 293, 1. *dem* nach *von* 589, 3. nach *mit* 528, 1. *des* nach *ze* 685, 4. *din* nach *als* 505, 1. *sprach der degen Îrolt* 492, 1 ist ungewöhnlich schwer; *sprach* ist wohl zur ersten Hälfte zu ziehen, wie 231, 1 umgekehrt zur zweiten.

Andere Pronomina: *ob in* 281, 3. *so si* 751, 3. 1118, 3. *da si*

1129, 2. 1307, 2. 1321, 1. *an ir* 593, 3. *von ir* 966, 3. *durch ir* 562, 4. *do man* 1479, 3. Am schwersten wohl *sprach ir vintlîchen zuo* 1052, 1, wenn man nicht betont *sprach ir vintlîchen zuo;* vgl. 372, 3. Partikeln: häufiger als am Beginn des Verses. *mit* nach *die* 799, 3. nach *wol* 1229, 3. *da* nach *die* 531, 3. 690, 1. *so* nach *an* 555, 3. und nach *sehs* 1469, 1 ist ungewöhnlich belastet. *von* nach *den* 158, 1. nach *und* 308, 2. nach *die* 811, 4. am schwersten nach *sprach: sprach von Tenen Hôrant* 317, 1, denn *sprách von Ténen Hôránt* wird man nicht lesen dürfen. *sprach* ist auch hier wohl zur ersten Hälfte zu ziehen.

Ein zweisilbiges Wort mit vorletzter kurzer steht im Auftakt. *dise* 77, 2. *wider* 534, 2. Mit vorletzter langer: *under rôtem golde* 1308, 1. *under helm* 1445, 1. *unser tohter juncfrouwen* 562, 3. Die beiden Silben gehören einem Compositum an: *unbeschólden* 965, 1.

Die zweite Silbe ist ein einsilbiges schweres Wort: *und mîn frowe iwer wîp* 437, 1, wo man aber auch *iur* lesen kann.

Der Belastung von Senkungen steht die Auslassung derselben gegenüber. Bei Wörtern, die ursprünglich zweisilbig waren und auch in Hss. des 12., 13. Jhs. noch so geschrieben werden, darf die folgende Senkung fehlen, wenn sie nach logischer Betonung gleiche oder stärkere Tonhöhe wie die folgende Hebung haben. So ist unbedenklich die Halbzeile *wite dir trûgen* 38, 2. *hiez man dar gân* 307, 2. *balde her bringen* 820, 3. *Hôrant her komen* 1180, 2, weil hier die Wörtchen *dar her* höheren Ton als die Verba haben. Schwerlich aber ist richtig *morgen vil fruo* 1185, 2, weil *vil* entschieden geringeren Ton hat als *fruo.* Halbzeilen mit Auslassung aller Hebungen sind *sprach Hôrant* 228, 1, wenn nicht *sprach von Tenen Hôrant,* wie 317, 1 steht. *zwelf soumære* 595, 3, wo aber auch *zwelef* denkbar wäre.

Besondere Beachtung erfordert die erste Hebung, wenn sie ohne vorausgehenden Auftakt und ohne folgende Senkung steht. Erforderlich ist, daß die Tonhöhe des einsilbigen Wortes, das die erste Hebung bildet, die der folgenden Hebung übertrifft. Dieser Fall ist häufig, namentlich wenn *und* die zweite Hebung bildet. *mân únde mâge* 4, 3. *hélm únde ringe* 25, 3. *schuz und gewant* 34, 2. 592, 2. *hôch unde starc* 65, 2, wenn man *michel* streicht. *friunt und geselle* 123, 2, wenn nicht *friwent* zu lesen. Vgl. noch *man* 127, 2. 1448, 2. 1501, 3. *wîp* 151, 1. 917, 2. 973, 1. *grâ* 156, 2. *kint* 347, 1. *guot* 347, 2. *ros* 350, 2. 1560, 2. *lieht* 392, 3. *golt* 433, 3. 571, 3. *helm* 460, 2. *lant* 573, 4. 746, 2. *lip* 591, 2. 1557, 2. *dort* 785, 1. 876, 1. *warf* 790, 1. *starc* 946, 2. *lirp* 966, 2. 1186, 3. 1208, 2. 1251, 2. 1586, 2. *naht* 1053, 2. *fruo* 1191, 3.

wo man auch *früeje* schreiben darf. *trôst* 1270, 2. *brôt* 1383, 2. *wît* 1536, 1. Auch *ér* únd *mîn frouwe* ist ganz richtig, 423, 3.

Derselbe Fall bei *oder*: *helm oder brunne* 233, 2. *wîp oder kint* 346,3. Die zweite Hebung ist eine Präposition: *héim mit im tragen* 103, 2. *vór ín* 143, 4. *sín ín* 152, 1. *rôt von* 1326, 4. *reit úf* 1592, 1. *stêt under* 1642, 3.

Ein Pronomen: *pris er gewan* 1023, 2. *wilt dú mich frâgen* 1169, 3 (die Betonung *wílt du mích frâgen* ist falsch, wiewohl es genug Gelehrte gibt, die so lesen). *húop ér sich dár* 1510, 2. Zweifelhaft kann sein *bî in dâ túren* 728, 3. Demonstrativa und Artikel: *hlez*, *dés erschrác* 763, 4. *wérc díu vil smæhen* 1011, 1. *sún, dáz ist wâr* 1017, 1.

Die erste Hebung ist ein Zahlwort, hauptsächlich begegnet *zwelf*, das aber *zwelef* meinen kann (vgl. S. 69). *zwelf kastelán* 303, 1. *zwelf soumære* 595, 3. *zwelf bouge swære* 392, 3. *drî* ist als *drîe* zu nehmen, und so habe ich geschrieben, vgl. 568, 1. 708, 1. 854, 1. Ebenso *vier* als *viere*, *viere tage lange* 1133, 3, und als *vierer*, *vierer künige tohter* 1666, 4.

Die erste und die zweite Hebung sind Zahlwörter: *fünf húndert recken* 19, 1. *fünf hundert brünne* 1147, 3. *driu hundert türne* 138, 4. *vier húndert manne* 270, 3. Dagegen *fünf húndert frouwen kleit* 86, 2. *fünf húndert dér* 512, 4. Nimmt man das Zahlwort als Compositum, so rechtfertigt sich die Betonung der ersten Silbe.

Die erste und zweite Hebung stehen sich an Tonhöhe gleich, die erste erhält nur einen besonderen Nachdruck: *níe niht* 112, 4; offenbar ist hier *nie* die bedeutsamere Negation, auf sie fällt der Ton. Ebenso 1393, 4 *níe álden recken*. Richtig ist *dar wolde bringen* 1099, 3, wegen der ursprünglichen Zweisilbigkeit von *dar*, die zugleich durch den logischen Ton unterstützt wird. *úf Kassiânen* 1543, 3 ist nur richtig, wenn man *ûfe* schreibt. *wan*, 'außer,' ursprünglich zweisilbig, steht als erste Hebung 399, 4 *wán zúo ir bürge*, und 400, 2 *wán éine gürtel*; ich habe beidemal *niwan* geschrieben, vgl. oben. *niht zúo den únden* 1463, 3 wäre wohl zu dulden, namentlich wenn man *niwet* schreibt, vgl. 379, 4; aber kaum *íht wæren frî* 1702, 2, weil auf *iht* gar kein Nachdruck ruht.

Eine Menge Stellen sind zu berichtigen, so alle die von Müllenhoff S. 115 gesammelten, die nach falschem Gesichtspunkte beurtheilt sind. Zu dulden ist kaum *waz sie dâ hêten* 297, 4, weil hier die natürliche Betonung auf *waz sie* führt. Der gleiche Fall ist *swaz* 448, 2. 825, 2. Von pronom. steht falsch auch *ir* in *ir herren zeichen* 780, 3. Von Partikeln *in* 348, 3. *dô* 412, 2. *daz* 340, 3. *des*, deshalb, 345, 1. 357, 4. *swie* 704, 4. *swâ* 1025, 3. *vil* 69, 4. *al* vor *hie* 1431, 3, weil man *alhíe* spricht. *ach* 775, 1. 778, 2, beidemal ist *ach wê* zu lesen, vgl. Nib. 1938, 1.

2251, 4. Sogar ein Hilfsverbum ist untauglich, falsch also *was worden schîn* 1012, 2. *wilt hie bestân* 1310, 2, weil der Ton auf *hie* ruht.

Dem Versschluße ist in der Kudrun wie in guten gleichzeitigen Gedichten sorgfältige Behandlung zugewendet. Bei vocalischem Anlaut der letzten Hebung (im stumpfen Reim) findet keine Elision statt, die vorhergehenden Schlußconsonanten sind nur allgemein erlaubte, also *über al* 513, 1 etc. *noch ê* 266, 2. 397, 2. *niht abe* 704, 1 u. s. w. Bei consonantisch anlautender letzter Hebung stehen in der letzten Senkung verkürzt, ohne Bedenken die ursprünglich zweisilbigen Flexionsformen, wie *sîner kraft* 61, 2 etc., die Artikelformen *der*, und *dem*, *ûf dem sê* 116, 1. 800, 3. 1074, 1. 1207, 1. 1359, 1. *in dem mer* 1141, 2. Die adject. Endung *em* nicht nur, wenn ein *m* darauf folgt, *zeinem man* 664, 2. 770, 1. *manigem man* 856, 2, sondern auch vor andern Consonanten, wenn auch selten, *einem her* 1073, 2. *einigem sporn* 1391, 2. *in hôchvertem sit* 722, 2, wogegen Müllenhoff S. 71 nur Unhaltbares einwendet.

Ferner stehen in letzter Senkung mehrere einsilbige Wörter, die ursprünglich zweisilbig waren; namentlich häufig *im* und *ir*. *diu behaget im wôl* 8, 1. *bî im swert* 19, 1. *wart im naz* 62, 1. *zuo im gie* 102, 3. *mit im tragen* 103, 2. *mit im nemen* 175, 1. Vgl. noch 209, 1. 233, 1. 461, 1. 284, 1. 609, 2. 610, 1. 665, 2. 1024, 1. 1087, 1. 1493, 2. *ir: ir hant* 21, 4. 1162, 1. *ir kraft* 105, 1. *ir muot* 336, 1. *ir haz* 701, 2. 773, 2. *ir schar* 777, 1. *ir wât* 1347, 2. *ir man* 1534, 1. *ir lant* 1593, 1. Außerdem *vil: vil wê* 108, 4. 579, 2. 1074, 2. *vil guot* 439, 2. *vil zorn* 584, 1. *vil naz* 883, 2. *vil baz* 1581, 2. *wol: vil wol sîn* 483, 2. *wol gan* 770, 2. *wol sîn* 1367, 2. — *dar*, wenn es einen schwächern Ton als die letzte Hebung hat und in *der* geschwächt werden kann: *dar zuo* 267, 2. 691, 1. 1106, 1. 1621, 2. 1625, 1. *dar vor* 695, 2. 782, 1. 791, 2. — *hin*, *hin dan* 2379, 1. — *und*, *stolz und guot* 115, 2. *gerne und wol* 240, 2. *bürge und lant* 1008, 1. Auch *hôch und starc* 65, 2, wenn man *michel* beibehält. Gebessert habe ich 127, 2. 333, 2. *ân* nur vor *n*, *ân nôt* 959, 1, vielleicht auch 146, 1, vgl. oben. — *oder* in *od*, *od wol* 1157, 4. *od wê* 1203, 2.

Die natürliche Wortbetonung wird in der Kudrun aus metrischen Rücksichten nicht selten verändert, namentlich findet Zurückziehen des Tones in dreisilbigen Wörtern mit erster hochtoniger auf die zweite Silbe statt. Am häufigsten bei *un*, *unmære* 29, 4. 1035, 2. 1517, 4. *unschúldic* 131, 1. *unmüezic* 180, 4. 264, 2. 785, 1. 1347, 1. 1515, 4. *unnâhen* 283, 4. 1262, 4. *unbillich* 636, 2. *unlánge* 647, 4. *untûre* 790, 2. *unsanfte* 923, 3. 1196, 2. *unverre* 1140, 4. 1420, 4. *unmâzen* 1361, 4.

undáre 1383,' 4. *ungerne* 1418, 4. *unkünde* 1575, 3. Seltener bei *ur*, *urlóubes* 694, 1. *urliuges* 833, 3. Bei *líche*, *etlíche* am Anfang 985, 4; ebenso *sumlíche* 1006, 1. *heimlíche* 1322, 2 nach der Cäsur. In der Mitte des Verses *rîlíchen* 1422, 2; vielleicht auch *hêrlícher* 372, 3. *rîntlíchen* 1052, 1.

In andern Zusammensetzungen: *herbérgen* nach der Cäsur 174, 1, ebenso *antwürten* 1167, 1. Dagegen mitten im Verse *herbérge* 724, 4. *ellénde* 845, 2. *driuzéhen* 1090, 2.

Bei Eigennamen: am Anfange des Verses *Irólden* 274, 2. 310, 2. 1515, 3. 1577, 1. *Hartmuóte* 621, 3. *Ludwíges* 1394, 3. *Ortwínes* 1407, 2. Nach der Cäsur: *Harmúote* 606, 4. 622, 3. *Hartmuotes* 825, 4. *Herwíge* 699, 1. 701, 4. 1332, 1. *Ludwígen* 855, 3. 899, 3. *Ludwíges* 1267, 3.

In der Mitte des Verses nur *Hôránde* 1084, 1. *Hartmuote* 1254, 2. Die mittlere Silbe ist nur eine Flexionssilbe: so in *fliegende niht entrinnen* 97, 3 nach der Cäsur, wo also wohl schwebende Betonung eintritt.

Dreisilbige Wörter *mit erster Länge betonen ausnahmsweise die erste und dritte Silbe. *deiz ábendén began* 1665, 1. *von Hártmuotès und síner recken handen* 1451, 4. *dô rúoweten die müeden* 1594, 1. Vgl. *mit bánierèn sie fuoren* 1658, 3.

Zweisilbige Wörter werden zuweilen auf der letzten betont, hauptsächlich Namen. Am Anfang des Verses *Irólt* 273, 1. 480, 1. 565, 1. 831, 1. *Hôránt* 301, 4. 537, 1. 564, 2. 696, 4. 1497, 1. *Ludwíc* 743, 1. 751, 1. *Hartmúot* 851, 2. 982, 2. 1559, 3. *Kúdrún* 852, 2. 1448, 4. *Ortrún* 983, 1. *Ortwín* 1252, 1. Nach der Cäsur *Hôránt* 272, 1. *Hartmúot* 609, 4. 1468, 4. *Herwíc* 617, 3. *Morúnc* 1415, 3.

Andere Wörter: *imbíz* am Anfang 554, 1. *niwán* ebenso 1194, 3. *nieman* nach der Cäsur 1283, 2. *alsô* in der Mitte des Verses 775, 1.

Zweisilbige Wörter, deren zweite Silbe ein flexivisches *iu* enthält, werden nur am Anfang auf der letzten Silbe betont: *swelhíu* 1332, 3; vielleicht auch *welhíu* nach der Cäsur 1661, 3, wo ich mit V. *wer* geschrieben habe. Die zweite Silbe kann auch *e* enthalten: so *Hagnén* am Anfang 554, 2; ebenso *kunnèt ir* 732, 2, wenn nicht *muget*, vgl. 1228, 2. *swelhé* 1205, 1. *werdé* 1159, 2. *Hildé* nach der Cäsur 767, 2. *undér* ebenso, 1518, 1. Hier tritt ein, was wir schwebende Betonung nennen, indem natürlich der Ton nicht streng auf der unbetonten Silbe ruhen kann, sondern zwischen beiden Silben mitten inne steht, zu bezeichnen etwa durch *kun'net ir*.

Der Bau der Strophe lehnt sich bekanntlich an die Nibelungenstrophe an. Wenn man schon gerechtes Bedenken tragen darf, diese als eine allgemeine volksthümliche zu bezeichnen, so wird man sicherlich nicht anstehen, die Kudrunstrophe als die Erfindung eines Kunstdichters zu betrachten, die ihrer ganzen Anlage nach unvolksthümlich ist. Sie ist daher auch in andern Gedichten nicht verwendet, sondern nur von einem andern Kunstdichter, von Wolfram, in seine Titurelstrophe umgebildet worden (vgl. Germania 2, 263). Die Veränderung, die der Dichter mit der Nibelungenstrophe vornahm, besteht in der Einführung des klingenden Reimes in die dritte und vierte Zeile, und der Verlängerung der achten Halbzeile um eine Hebung. Der klingende Reim der Kudrun ist ein ganz anderer als der in den Nibelungen hin und wieder in den beiden ersten Zeilen der Strophe vorkommende; dieser zählt für zwei Hebungen wie die klingende Cäsur der Nibelungen- und Kudrunstrophe, jener nur für eine. Der Gebrauch der Kudrun ist daher ein lyrischer, kein epischer; die Lyrik des zwölften Jahrhunderts nahm seit der Einführung französischer Formen den klingenden Reim oft nur als eine Hebung, so namentlich in der Verbindung von acht- und siebensilbigen Trochäen (Germania 2, 276). Die Kudrunstrophe fällt mithin unter den Gesichtspunkt einer lyrischen Strophe, wie die Haltung des ganzen Gedichtes lyrisch weicher ist als die der Nibelungen. Daß aber die letzte Halbzeile um eine Hebung verlängert wurde*) und nicht bloß eine Verwandlung des stumpfen in den klingenden Reim stattfand, ist nicht willkürlich. Bekanntlich liebt die Poesie des zwölften Jahrhunderts am Schluße von Absätzen klingende Reimpaare, deren letzte Zeile fünf Hebungen hat. Schreiben wir z. B. Maria 389—392 F. in folgender Weise:

Du muost dich sundern hinnen.   wirn wellen niht gewinnen
susgetânen gesellen.   wir megen ouch dich zen besten niht gezellen;

so haben wir, von der verschiedenen Reimverkettung abgesehen, den Schluß der Kudrunstrophe. In Strophen, wo der Sinn es gestattet, macht eine Umstellung die Gleichheit vollständig, wie 278, 3. 4

varent sorclîche.   aller tegelîche
durch iwer selber êre   gebet den tumben helden iwer lôre.

---

*) In der Handschrift finden sich oft nur drei, vier, oft aber auch sechs und mehr Hebungen. Diese Verschiedenheiten, die auf Nachlässigkeit und Unkunde des Schreibers beruhen, hätte man am wenigsten für die Unterscheidung von 'echten' und 'unechten' Strophen geltend machen sollen.

Ein innerer Unterschied ist allerdings vorhanden, indem in der Maria und den andern demselben Brauche folgenden Dichtungen der klingende Reim für zwei Hebungen gilt, mithin diese Schlußzeile eigentlich sechs Hebungen hat.

Im Übrigen ist der Bau der Kudrunstrophe ganz nach den Gesetzen der Nibelungenstrophe zu betrachten. Es darf daher die Cäsur statt klingend auch stumpf mit vollen vier Hebungen ausgehen, wie 364, 2

daz er als ein begozzen brant   riechen began.

Am häufigsten sind Eigennamen, *Sigebant* 1, 2. 26, 1. 55, 2. 139, 1. *Garadê* 126, 1. *Ihldeburc* 485, 1. 1165, 4. *Tenelant* 571, 4. 1549, 4. 1612, 4. 1624, 3. *Ludewic* 590, 1. *Alzabê* 667, 4. *Heregart* 1007, 4. Andere Worte sind *diet* 48, 3. *ast* 71, 3. *niht* 121, 2. *nôt* 126, 2. *friunt* 239, 4. 531, 1. 534, 3. *hât* 316, 4. 1321, 4. 1586, 2. *hin* 1406, 3. *brant* 364, 2. *kint* 414, 4. *rinc* 510, 4. *in* 654, 3. *spil* 858, 2. *min* 964, 4. 1626, 3. *din* 1015, 4. *sluoc* 1016, 4. *sic* 1444, 4. *tor* 1457, 3. *was* 1518, 4. *gestaht* 959, 3. Dreisilbige Wörter mit dem Ton auf der ersten und dritten Silbe. *arebeit* 77, 4. 247, 3. 1069, 4. 1321, 3. 1652, 4. *bilgerin* 149, 1. 932, 2. *übermuot* 203, 2. *vingerlin* 299, 4. *baldekin* 301, 3. *veterlin* 386, 4. *sinewel* 649, 2. *künigîn* 990, 4. 1253, 4. *magedîn* 1249, 4. Zweisilbige Wörter, meist Composita, mit dem Tiefton auf der zweiten Silbe: *merkint* 109, 4. *schifman* 111, 1. *hôchzît* 190, 4. *marschalc* 553, 1. Namen dieser Art: *Môrunc* 506, 4 u. s. w. *Gêrlint* 592, 1 u. s. w. Ebenso *Baljân* 161, 1, *Kûdrûn* etc. Zwei verschleifbare Silben bilden die vierte Hebung, und zwar 1. die beiden letzten Silben eines zusammengesetzten Wortes, *willekomen* 152, 1. 236, 2. *magezogen* 53, 3. — 2. ein zweisilbiges Wort, *sun* (*sune*) 161, 4. *Waten* 235, 4. *hove* 397, 4. *im* (*ime*) 509, 1. *jehen* 637, 3. *tragen* 1281, 3. *müge* 1482, 2. Gebessert habe ich *mer* (*mere*) 761, 2.

Solche Worte wie die zuletzt erwähnten können daher naturgemäß nicht als dritte und vierte Hebung verwendet werden, können keine weibliche Cäsur bilden; die vorkommenden Fälle beruhen sämmtlich auf Fehlern [*]). Den besten Beweis dafür liefert die Wortstellung, die in der Cäsur häufig von der gewöhnlichen abweicht, um nicht ein zweisilbiges Wort mit kurzer Penultima in den Einschnitt zu setzen.

---

[*]) Wenn Müllenhoff S 115 Wörter wie *nemen* u. s. w. als klingende Cäsuren rechtfertigt, und sich dabei auf das Vorbild der Nibelungen beruft, so habe im daz; wir werden an einer andern Stelle den Beweis liefern, daß auch im Nibelungenliede ebenso wenig solche Cäsuren erlaubt sind [s. meine Untersuch. über d. Nib. 170 ff.].

93, 1 *in sînen siten tumben;* wäre *siten* als klingender Einschnitt erlaubt gewesen, wie Lachmann (Zeitschrift 2, 572) von *Wate, willekomen* meint, so würde der Dichter sicher geschrieben haben *in sînen tumben siten,* wie im Reim steht an *sînen hêren siten* 295, 2, *mit vil guoten siten* 423, 2, *sach man in herten siten* 717, 2. Ebenso in *siten ellenthaften* 580, 2; *nâch siten kristenlîchen* 179, 1, dagegen im Reime *nâch ritterlîchen siten* 708, 2. *nâch manigem schaden grôzen* 129, 2. *tage vier und zweinzic* 108, 1; *tage sibenzehene* 137, 3; *nâch tagen vierzehenen* 164, 1; *inner tagen sibenen* 216, 4; dagegen *darnâch in ahtzehn tagen* (: *sagen*) 37, 1; *in sînen jungen tagen* (: *sagen*) 84, 2; *ze vierzehen tagen* (: *sagen*) 160, 3; *in drîen tagen* (: *tragen*) 808, 1; *in disen zwelf tagen* (: *klagen*) 930, 2: *in sehs und zweinzic tagen* 1081, 2; *in zwelf tagen* 1652, 2.

in dem fride Hagenen 160, 2.
dô sprach vater der Hilden 526, 3; vgl.
vater der Kûdrûnen 642, 3, wie V. richtig schreibt.
mit vanen ûf gerihtet 777, 2. *dô sach er vanen breite* 1364, 1. *dort sihe ich vanen einen* 1372, 1, namentlich diese letzte Stelle.

zen boten ungemuoten 815, 2. *daz sie niht boten under* 1163, 3. *daz sie boten die Hilden* 1198, 2. *sint ez boten die Hilden* 1208, 3.

mit speren ungeneigten 1402, 3; dagegen *mit snîdenden spern* (: *wern*) 783, 1. *mit geneigten spern* (: *wern*) 1410, 2; vgl. noch 348, 2. 643, 4. 687, 3. 699, 3. 717, 1. 816, 4. 1044, 3. 1305, 3. 1434, 1.

Die Stellen, an denen kurzsilbige Wörter als klingende Cäsur erscheinen, sind folgende: *neren* 82, 2, wo *nerjen* zu lesen ist; *vetech* 93, 2, lies *vetechen*, nicht *vetech*, wie V. hat; 143, 3 *haben*, wird durch die häufig nötige Umstellung (vgl. Abschn. I.) berichtigt, wie schon V. gethan; 152, 1 *der künic hiez in willkomen*, wie V. schreibt, ist ebenso unrichtig wie Ziemann's und Ettmüller's *der künic in hiez wilkomen sîn*, sondern *der künic hiez in willekomen*; ebenso 236, 2, wo Vollmer *her Wate, sît willekomen*, Ziemann und Ettmüller *sît willekomen*, *her Wate*; das richtige ist *her Wate, nu sît willekomen, nu* darf des Verses wegen nicht fehlen. 310, 3 *komen | wæren* ist wieder umzustellen; der Schreiber wählte die prosaische Wortstellung. 400, 1 *swaz im diu frouwe büte,* derselbe Fall, lies *swaz im büte diu frouwe.* 460, 1 *geben,* lies *gæben.* 616, 3 *daz wir unser boten | hin nâch ir ie gesanden* kann verschiedentlich gebessert werden, entweder *boten unser,* vgl. 1163, 3, oder *daz wir unser boten hinnen | nâch ir ie gesanden,* oder, was am wahrscheinlichsten, die letztere Lesart mit Streichung von *unser. boten* steht auch 835, 2 in der Cäsur, *waz er von sînen boten | leider mære ervant,* wo ebenfalls umzustellen ist. 1077, 1 *dô îlten Hilden boten* ist entweder mit V. zu lesen *die Hilden boten îlten* oder *dô îlten boten die Hilden*, vgl. 1198, 2. 1208, 3. *dô er sînen neven* 887, 1, lies *do er den neven sînen*. *dô sprach mit listen Wate* 945, 1 ist wieder umzustellen; *Wate* steht nochmals 1512, 3 in der Cäsur *willekomen Wate*, wo *nu wis* zu ergänzen ist; Haupt ergänzte *wis*, was er Zeitschrift 2, 572 mit Unrecht auf Lachmann's Bemerkung hin zurücknahm. 954, 3 *heimwesen*, mit V. umzustellen. 1032, 4 *waz iwer recken schaden*, umzustellen *waz schaden iwer recken*, vgl. 129, 2. *ir sult mit guoten siten* 1044, 3, lies *siten guoten*, vgl. S. 75. *hie ze wîbe geben* 1639, 2, lies *geben hie ze wîbe*, ebenso muß umgestellt werden 1640, 3 *wærlîchen nimet*, 1699, 3 *drî stunt des jâres sehen*. So wird auch der einzig übrigbleibende Fall *und heizet die bestaten* 905, 3 nicht richtig sein; ich habe *bevelhen* statt *bestaten* gesetzt, im Anschluß an das oben bemerkte, daß der Schreiber einen jüngern Ausdruck an Stelle eines ältern zu setzen liebt*).

Die Cäsur trennt zuweilen Worte, die dem Sinne nach zusammen gehören. So adj. und subst. *schœne | meide* 121, 4. *heizen | trehene* 155, 3; bei nachgesetztem Epitheton hinter dem Eigennamen *Kûdrûn | diu schœne* 1234, 3. *Ludewîc | der alde* 1939, 4. Müllenhoff (S. 115) zieht hierher auch 364, 2, was *daz er als ein begozzen | brant riechen began* zu lesen von wenig Verständniss zeugt. Ferner führt er an 343, 3. 859, 4. 1182, 4. 1342, 3, die aber nur durch falsche Lesart hierher gehören. Der abhängige Genetiv wird von dem Subst., das ihn regiert, getrennt: *swaz hiute Hartmuotes | gesinde hie tuo* 779, 2; *swaz man Gêrlinde | gesindes gewan* 973, 2. *mîner muoter | tohter* 997, 4. einmal sogar ein Compositum *kristen | mensche* 397, 2.

Sehr häufig steht der innere Reim in der Cäsur, aber in sehr vielen Stellen wohl nicht von dem ursprünglichen Dichter herrührend, sondern von einem Überarbeiter, manchmal vielleicht erst von dem Schreiber der Handschrift. Vgl. 8, 1. 2:

sîner muoter lêre   diu behaget im wol.
der begunde er volgen [sêre]   als man triunden vol**).

Derselbe Fall ist 547, 1. 2:

diu Hilden heimreise   mit Hetelen geschach.
dâ weinde manic frouwe [weise].

---

*) Müllenhoff bemerkt (S. 188) 'statt *bestaten* ist weder *bevilhen* [so statt *bevelhen*.] noch *beserken* nöthig. S. oben S. 115'.

**) Diese und einige andere der nachfolgenden Stellen hat Müllenhoff S. 53 ff. auch angeführt; dazwischen aber solche, die nichts beweisen oder auf fehlerhaftem Texte beruhen.

689, 1. Hôrant von Tenemarke sol uns ûf den wegen
driu tûsent ritter [starke] füeren.   Irolt der degen.
702, 3. kom ze unsenfte[n mæren],   do Hetele der herre
mit sînen helden mæren   gestrichen was —
883, 1. swaz tâten die helde [guote],   waz mohte helfen daz?
von dem heizen bluote   der wert wart vil naz;
oder besser
swaz die helde tâten.
1358, 3. dirre boteschefte [mære].   dâ von wart siu rîche.
von ir grôzen swære.

Ebenso sicher ist 274, 4 *do die helde mit witzen (: sitzen) wolden rûmen daz lant* erst späteren Ursprunges, ich habe *die helde mære* geschrieben. 1355, 4 *dâ mite siu grôze mære (: wære) an froun Kûdrûnen dienen wolde; mære* ist von V. mit Recht durch *miete* ersetzt worden. Ferner vergleiche man gezwungene Ausdrucksweisen, wie 462, 2:

lützel sie des nâhten (: gâhten), ê er daz volc gewan.

481, 4 *ir lop man möhte krœnen (: schœnen);* vgl. 665, 2.

510, 4, *da wart manic vinc gerüeret (: enphüeret);* außerdem ein schlecht gebauter Halbvers.

524, 2. *daz sie mit maniger güete (: übermüete) wâren nâch ir komen.*

592, 4. *man sol die strâze lernen (: gerne) nâch Kûdrûnen der küniginne;* ebenso gesucht ist *sie muosten freude lernen (: gerne) allertegelich* 472, 2.

645, 2. *libes unde guotes (: muotes) was er biderbe gnuoc.*

690, 2. *sie westen niht sô nâhes (: gâhes).*

701, 2. *die vînde begundenz rüeren (: füeren),* ebenfalls fehlerhaft; der gleiche Fall 613, 2 *daz sie sô manic tageweide (: leide),* mit dreisilbigem nicht in der Kudrun vorkommendem Auftakte; ich lese *mîle* statt *tageweide.*

752, 2. *vil schilde sie besluogen (: truogen).*

956, 1. *Ludewîc der frîe (: Ormanîe).*

957, 4. *ich wæn mit herter werre (: verre).*

1250, 2. *Herwîc der ellende (: hende)* statt *edele.*

1410, 2. *daz geschadete manigem kinde (: ingesinde),* wohl in dem Sinne gemeint, wie sonst steht *maniger muoter kinde.* Auch 797, 3 ist der Inreim *hinnen (: küniginne)* unecht, *hin* ist das richtige. Zuweilen ist sogar eine ganze Halbzeile eingefügt, um einen Inreim zu gewinnen; vgl. 724, 2—4.

                        daz sie die ritterschaft,
sô man es an sie gerte,   niht gegeben kunde.
[mit spern und mit swerte]
sie werten ir herberge,   sô sie aller bezziste kunden.
745, 2—4. die guote schifliute   Ludewîc gewan
           den die merstrûze   zerehte wâren künde.
           [den lônte er âne mâze]
           sie muosten arebeiten   nâch dem hôhen solde durch die ünde.
812, 3. 4. an dem sibenden morgen   sie kômen dâ sie sâhen
           [in ir grôzen sorgen]
           die von Hegelingen   bî den Mœren ligen harte nâhen;

von und *ligen* ist von mir hinzugefügt. Die zweite Zeile lautet *si hete in grôzen sorgen diu frouwe der gesant*, darum kann *in ir grôzen sorgen* in der vierten unmöglich richtig sein.

1449, 3. 4. sîn vater und manic tumbe,   die ir mâge wâren.
           [er weste niht war umbe]
           dô hôrte er in der bürge   schrîen lûte und angestlîch ge-
                                      bâren.

Wenn in den bemerkten Stellen sich die Unechtheit des inneren Reimes bestimmt darthun, und in anderen wahrscheinlich machen lässt, so bleiben doch noch eine große Anzahl von Strophen, wo man zwar sein späteres Eindringen vermuthen, aber nicht nachweisen kann. Ihn ganz für jünger zu halten, wie Müllenhoff S. 58 thut, sind wir nicht berechtigt, höchstens dürften Strophen, wo er durch alle vier Verse oder auch nur durch zwei durchgeführt ist, wenn sonst im Ausdrucke Anstoß ist, als in jüngerer Gestalt vorliegend betrachtet werden. Aber daß er dem ursprünglichen Dichter auch schon zukommt, ist durch nichts zu widerlegen. Ich stelle nun die Strophen mit Inreimen zusammen, nach Gruppen geordnet. Zuerst diejenigen, die den Inreim in der ersten und zweiten Zeile haben:
I. (die Zahl der Aventiuren). 4. 8. 14. — II. keine. — III. 132. 135. — IV. keine — V. 224. 243. 331. 367. — VI. 380. 416. — VII. 458. 462. 464. 468. 469. 474. 475. 476. 482. 483. 484. 486. — VIII. 492. 493. 494. 497. 501. 502. 503. 504. 507. 515. 524. 533. 535. 539. 540. 545. 547. 548. 549. 550. 554. — IX. 581. 584. — X. 587. 595. 606. 607. 611. 613. 615. — XI. 619. 621. — XII. 645. 656. 661. 664. 665. — XIII. 669. 671. 689. 691. 692. 693. 701. 718. 721. 724. — XIV. 731. 741. 743. 746. 750. 752. — XV. 755. 764. 765. 767. 776. — XVI. 810. 838. 843. — XVII. 851. 852. 869. 871. 877. 879.

— XVIII. 881. 883. 906. 916. — XIX. 920. 927. 948. 949. — XX. 953. 956. 961. 963. 970. 972. 979. 980. 982. 984. 985. 990. 991. 994. 1007. 1010. 1038. — XXI. 1045. 1046. 1060. 1066. 1068. 1069. — XXII. 1071. 1073. 1074. 1085. 1091. 1097. 1103. 1104. 1119. 1125. 1131. 1135. 1136. — XXIII. 1145. 1150. 1153. 1156. 1164. — XXIV. 1177. 1181. 1188. 1194. 1197. 1206. — XXV. 1208. 1244. 1250. 1270. — XXVI. 1345. 1365. — XXVII. 1367. 1385. 1389. 1399. 1410. 1425. 1434. — XXVIII. 1447. 1449. 1450. 1459. 1464. 1465. — XXIX. 1523. 1527. 1537. 1554. — XXX. 1569. 1573. 1610. 1615. 1641. 1644. 1656. 1658. — XXXI und XXXII. keine.

Nicht ganz so häufig ist die dritte und vierte Strophenzeile mit Inreim versehen. Avent. I—IV. gar nicht. — V. 219. 274. 278. — VI. 380. 406. — VII. 456. 460. 465. 470. 471. 473. 481. — VIII. 488. 496. 510. 512. 527. 529. 542. 546. 553. 556. — IX. 564. 569. 574. 585. — X. 589. 596. 599. 614. — XI. 625. — XII. 639. 660. — XIII. 683. 695. 699. 702. 706. 708. 713. 714. 723. — XIV. 725. 740. 747. — XV. 759. 766. 770. 777. 785. 786. 789. 797. — XVI. 811. 817. 825. 831. 832. — XVII. 850. 860. 873. — XVIII. 900. 902. 904. 914. — XIX. 925. — XX. 955. 957. 962. 988. 1012. 1035. — XXI. 1055. 1070. — XXII. 1082. 1106. 1138. 1140. — XXIII. 1151. 1160. 1161. — XXIV. 1189. 1190. 1193. — XXV. 1262. 1292. 1326. — XXVI. 1354. 1355. 1358. — XXVII. 1381. 1416. — XXVIII. 1455. — XXIX. keine. — XXX. 1587. — XXXI. 1673. — XXXII. keine.

Zuweilen besteht der Reimunterschied nur in einem *n*, das dem einen Reimworte fehlt; derselbe Fall wie beim Endreim (vgl. Abschn. I.). Wiederum ist die erste und zweite Zeile häufiger. I. 18. 43. — II. 85. — III. IV. keine. — V. 330. — VI — VIII. keine. — IX. 568. — X. XI. keine. — XII. 646. — XIII. keine. — XIV. 735. 738. 744. — XV. 783. 799. 803. — XVI. keine. — XVII. 865. — XVIII. keine. XIX. 924. 926. — XX. 998. — XXI. 1056. — XXII. keine. — XXIII. 1149. 1154. — XXIV. 1168. 1201. — XXV. 1218. — XXVI. keine. — XXVII. 1419. — XXVIII. 1467. — XXIX. keine. — XXX. 1570. 1630. — XXXI. XXXII. keine.

Die dritte und vierte Zeile. Avent. I — VI. keine. — VII. 459. VIII. und IX. keine. — X. 592. — XI. keine. — XII. 635. — XIII. bis XV. keine. — XVI. 827. — XVII und XVIII. keine. - XIX. 934. — XX. 987. — XXI. 1050. — XXII. 1105. — XXIII. und XXIV. keine. — XXV. 1230. — XXVI. — XXIX keine. — XXX. 1625. 1629.

Aber auch alle vier Zeilen der Strophe sind mit Inreimen versehen. Und zwar

a) alle vier reimen genau. Avent. I.--VI. keine Strophe. — VII. 457. 466. 478. — VIII. 508. 514. — IX. 570. — X. 591. 612. — XI. 628. — XII. keine. — XIII. 675. 679. 690. 703. 705. 709. 711. 715. 716. 719. 720. — XIV. 729. 730. — XV. 760. 778(?). 787. 795. — XVI. keine. — XVII. 861. -- XVIII. 901. — XIX. und XX. keine. XXI. 1047. 1049. 1058. — XXII. 1113. 1121. — XXIII. und XXIV. keine. — XXV. 1323. 1331. -- XXVI. und XXVII. keine. — XXVIII. 1468. — XXIX. keine. -- XXX. 1618. — XXXI. und XXXII. keine.

b) Zwei Zeilen reimen genau, bei den beiden andern macht ein *n* den Unterschied. I. 6. — II.—VI. keine. — VII. 441. 472. — VIII. 491. — IX—XII. keine. — XIII. 675. — XIV. keine. — XV. 778. 790. — XVI. keine. — XVII. 856. — XVIII. 882. — XIX. 922. — XX. 971. 1026. — XXI bis XXIII. keine. — XXIV. 1203. — XXV. 1217. — XXVI - XXXII. keine.

Es ist leicht zu bemerken, daß in manchen Parthien des Gedichtes die Inreime sich häufen, vorzugsweise in der VII. Aventiure und den folgenden; aber es ist, wenn man annimmt, daß ein späterer Überarbeiter die Inreime eingeführt hat, kein Beweis daraus zu folgern. Im Ganzen gehen sie durch alle Aventiuren hindurch und tragen zum Theil die Art und Weise der Endreime, namentlich stimmt die Freiheit in Bezug auf das häufig gebundene *e : en* (vgl. Abschn. I.); ferner weisen Reime wie *gunde : âbunde* 47, 3. *wunde : âbunde* 518, 3. *weinunde : stunde* 616, 1; vgl. den Endreim *âbunden : kunden* 376, 3; *weinende : ellende* 1244, 1 auf ein zu frühes Alter hin, als daß man sie einem jüngeren Bearbeiter zuweisen dürfte.

Aber auch Verschiedenheiten sind nicht zu verkennen: so erscheinen im Inreim eine Menge Reimklänge, die der Endreim nicht kennt. So die Reime *gâbe : Swâben* 744, 1. *læge : træge* 599, 3. *erkrahten : erstrahten* 1119, 1. *allenthalben : alben* 861, 1. *næme : zæme* 740, 3. *gebârte : wârte* 619, 1. *zeichen : bleichen* 1416, 3. *ersprengen : lenge* 1149, 1. *gerne : lernen* 646, 1. 472, 1. *êrste : hêrste* 1331, 1. *messe : wesse* 441, 3. *ergetzen : gesetzen* 825, 3. *dicke : blicke* 1206, 1. *stieben : klieben* 514, 3. *sinken : ertrinken* 961, 1. *listen : gefristen* 542, 3. *kisten : wisten* 692, 1. 972, 1. *sitzen : witzen* 224, 1. *triuwen : riuwen* 1060, 1. 1193, 3. *vlizzen : itewizzen* 331, 1. *errochen : zerbrochen* 901, 3. *mohte : getohte* 715, 3. *geworben : verdorben* 683, 3. *hæren : Mæren* 721, 1. *zorne : ûz erkorne* 503, 1. 1156, 1. *Frideschotten : Otten* 611, 1. *süene : küene* 1085, 1. 1644, 1. *ruochet : suochet* 1035, 3; ferner sind kurzsilbige Worte im Inreim häufiger als im Endreim, *klageten* : *wageten* 493, 1. : *sageten* 843, 1. *sagete* : *verzagete* 569, 3. 922, 1. *sagete* : *klugete* 901, 1. *edele* : *sedele* 1618, 3. *engegene* : *degene* 219, 3. 467, 1. 1573, 1. 1587, 3. : *degenen* 1105, 3. *hemede* : *fremede* 962, 3. *tugende* : *jugende* 574, 3. Doch das ist nicht auffallend; bei Wörtern, wie die hier genannten, konnte man versucht sein, zwei Hebungen darauf zu legen (*dégené*), wie sie im Nibelungenliede verwendet sind; das hätte aber dem Wesen des Endreimes in der Kudrun widersprochen. Andere Reime kommen ebenfalls seltener im Schluß vor, die als Inreime häufig sind, wenn auch ein bestimmter Grund nicht vorlag. So namentlich *alde* : *gewalde* 474, 1. 515, 1. 533, 1. 838, 1. : *halde* 1345, 1. *alden* : *walden* 514. 1. *gerten* : *werten* 469, 1. : *swerten* 504, 1. 512, 3. 708, 3. 765, 1. *werten* : *swerten* 860, 3. *werte* : *gerte* 877, 1. *herte* : *verte* 1082, 3. *besten* : *gesten* 471, 3. 1385, 1. *nôtveste* : *geste* 621, 1. *geste* : *veste* 723, 3. 1381, 3. 719, 3. *veste* : *weste* 747, 3. *geste* : *gebresten* 330, 1. *gesten* : *bresten* 508, 3. 705, 3. *geste* : *vesten* 778, 3. *vergezzen* : *mezzen* 496, 3. *besezzen* : *vermezzen* 724, 1. *vergezzen* : *vermezzen* 1138, 3. 1160, 3. 1113, 1. *grôze* : *genôze* 550, 1. *grôzen* : *genôzen* 581, 1. 472, 3. : *strîtgenôzen* 699, 3. Andererseits kommen mehrfach Schlußreime vor, die im Inreim nicht begegnen.

Manche Wörter erscheinen nur in den Cäsurreimen, die sonst das Gedicht nicht kennt; so *krœnen* 480, 4. 665, 1. *unversunnen* 729, 3. *untûre* 790, 1, ferner *halde, albe, bleichen, itewizzen* u. s. w.

Auch sprachliche Unterschiede finden sich, z. B. *hæte* (*hæten* : *tæten* 985, 1), während der Dichter nur *het* und *hête* sagte (s. S. 91). *wiste* als Prät. von *weiz* (692, 2. 972, 2), ebenso *wesse* (441, 2); der Endreim kennt nur *weste* (1150, 1197), was auch im Inreim vorkommt (747, 3).

Neben den oben erwähnten alterthümlichen Reimen *âbunde* u. s. w. begegnet eine Anzahl wirklich ungenauer, wiewohl in allen Fällen nicht sicher gesagt werden kann, ob Zufall oder Absicht waltet. Namentlich tritt Zweifel ein bei vocalischen Ungenauigkeiten, weil nur consonantische durch den Endreim belegt werden. Der Art sind *erdiezen* : *stœzen* 16, 3, wie *stôzen* : *geniezen* Roland 247, 23. *solde* : *milde* 20, 3, wie *milde* : *wolde* Kaiserchronik 12115. *gescilde* : *golde* Ruther 400. *locke* : *recken* Kudr. 355, 3, wie *recken* : *rocke* Ruther 4073. *scheffen* : *offen* 442, 3. *lâzen* : *erglîzen* 449, 1; vgl. *gehiezen* : *gelâzen* Rol. 102, 29. *geniezen* : *lâzen* 232, 24. *verlâze* : *hieze* Kais. 3416 u. s. w. *küniginne* : *niemanne* 1002, 1; wie *minne* : *manne* Fundgr. 1, 169. *dannen* : *entrinnen* Alex. 5948 u. s. w. *gespenge* : *unlange* 647, 3, wie *gedrenge* : *stangen* Ruth. 1685. *zoumstrenge* :

borlange 5087. *engel* : *mangel* Germ. Pf. 4, 457. *hêre* : *swære* 1523, 3. *jâre* : *wære* 358, 3, ungemein häufig in der Poesie des 12. Jahrhunderts. Häufiger und sicherer sind die consonantischen Ungenauigkeiten. Mutae unter einander: *gelouben* : *ougen* 490, 1, was noch bei Dichtern des 13. Jhs. vereinzelt vorkommt. *edele* : *frevele* 477, 1. 1079, 1; wie *rede* : *neve* Roland 47, 11. *magede* : *sabenen* 481, 1, wenn nicht der Dichter *megede* sprach. *degene* : *lebene* 625, 1. *degene* : *lebenes* 1160, 1. *belîben* : *Herwîge* 630, 1. *Herwîge* : *wîben* 667, 1. *geligere* : *widere* 723, 1, wie Glaube 2317. Gebügede 605. *widere* : *gedigene* Ruth. 708. 3765. : *stigelen* Kaiserchronik 6901. 6909. *edele* : *brehene* Kudr. 1356, 1, wie *vierzehene* : *edele* Kaiserchr. 16069. *jehen* : *reden* 2218. 3530. *gesehen* : *reden* 8709 u. s. w *seyele* : *edele* Kudr. 1359, 1. *wâge* : *ungenâde* 1538, 1, wie *wâge* : *genâde* Alex. 2463. 2613. 4847. 6636. Maria 154, 20. *zweleve* : *helede* Kudr. 717, 1; wie Roland 8, 6. 14, 23. 130, 10.

Mutae nach einer Liquida, die in beiden Reimworten dieselbe ist, *welde* : *selben* 169, 3, nur wenn der Dichter, was unwahrscheinlich ist, *welt* statt *werlt* sagte. *selbe* : *velde* 714, 1 (vgl. die Endreime) *berge* : *werben* 1142, 1.

Liquiden unter einander: *Küdrûnen* : *küme* 881, 3. 1060, 3 *), wie *Genelûne* : *küme* Roland 56, 5. 82, 24. : *küme* 114, 15. *Prûne* : *küme* Kaiserchr. 7069. *gerûne* : *küme* Ernst 2, 54. *rûne* : *küme* Maria 155, 23. *ûnum* : *rûmen* Zeitschr. 3, 522. : *sûmus* Hagen's Germania 10, 147. *dienen* : *niemen* 1056, 3. 1057, 3; auch im Endreim. : *iemen* 499, 1. *râme* : *wolgetâne* 653, 3; wie *krâme* : *wolgetâne* Fundgr. 2, 247. *wolgetânen* : *nâmen* Hahn 22, 67 u. s. w. *Kûdrûnen* : *umbemûret* Kudr. 1362, 3, wie *zûne* : *gebûren* Kaiserchr. 14825. *Genelûne* : *tûre* Roland 54, 13.

Mediæ und Liquiden: *gâben* : *wâren* Kudr. 460, 1 wie Kaiserchr. 7443. 13955. 14321. 14929. 16035. 16063. 16377 u. s. w. *künige* : *übele* 807, 1. 1063, 3, wie Kaiserchr. 19. 3500. 4060. 4326. 4917. 6433. 6575. 6857. 7613. 7891. 13407. 14595 u. s. w. *wîle* : *Herwîge* 586, 3, wie *Ludewîge* : *wîle* Kaiserchr. 17287. *edele* : *helede* 684, 1. 1328, 1, wie Roland 17, 9. 25, 20. 33, 7. 117, 5. 211, 30 u. s. w. *küene* : *gefüeget* 704, 1, wie *fürbüegen* : *grüenen* Roth. 4583. *fuoren* : *genuoge* 1143, 1; wie *swuoren* : *sluogen* Roland 71, 6. *fuoren* : *sluogen* 308, 1. *ruoge* : *gefuoret* Zeitschrift 3, 521. *edele* : *venie* 1170, 1, wie *redene* : *menige* Roland 248, 1. *edele menige* Kais. 5801. *bruoder* : *erkuolet* 1460, 3.

---

*) Müllenhoff S. 58 meint, dies so wie *jâre : wære* u. ähnl. seien ebensowenig Inreime wie in Nib. *Kriemhilte : wilde.* Vielmehr ebensogut, denn in dem Reime der Nib. die Absicht des Reimes verkennen wollen, heißt sich absichtlich blind machen.

Liquidenverbindungen: *gewinne* : *grimme* 1498, 3, auch im Endreim. Ferner *spinnen* : *dingen* 1006, 1 *bringen* : *küniginne* 663, 1. *tiuvelinne*: *twingen* 1381, 1. *grimmen* : *dingen* 999, 3. : *erklingen* 1466, 3, ebenfalls als Endreime. *stürme* : *bürge* 708, 1, wie Alexander W. 2058. 3051. *gewunnen* : *funden* 1498, 1; wie *gerunnen* : *ungesunden* Rother 4331. *funde*: *gewunne* Gr. Rud. G. 22 u. s. w.

Mutenverbindungen: *vorhten* : *getorsten* *) 921, 1; wie *vorsten* : *geworhten* Kaiserchr. 13005.

Manchmal ist nur der Auslaut der nächsten oder dritten Silbe verschieden, die eigentliche Reimsilbe gleich. *funden* : *hundert* 841, 1. *megede* : *engegene* 115, 1. *gâhes* : *nâher* 841, 3. *gîsel* : *gewîset* 849, 1. *biderbe* : *nidene* 968, 1. : *widere* 607, 3. 757, 1. 1090, 1. *geduldet* : *hulden* 979, 3. *landes* : *ande* 992, 1. *leides* : *meide* 1039, 3. *schœnen* : *gehœnet* 626, 1. *unmüezic* : *gehüezet* 1095, 1. : *gegrüezet* 1429, 1. *kunde* : *under* 1304, 3.

Es ließen sich noch mehr anführen, wenn man, wie andere gethan, den Inreim noch freier fassen wollte (vgl. Müllenhoff S. 58); ich habe mich auf solche Assonanzen beschränkt, die in Dichtungen des 12. Jhs. häufig vorkommen. Sind die angeführten ungenauen Inreime nicht Zufall, wie nach ihrem häufigen Vorkommen nicht sein kann, sondern vom Dichter beabsichtigt, so muß Wunder nehmen, sie nicht in gleicher Freiheit als Endreime zu finden. Allein das erklärt sich, wenn man zugibt, wie man nicht umhin kann, daß das Gedicht eine Überarbeitung erfahren, nur daß ich mir diese etwas anders denke, als z. B. Ettmüller und Müllenhoff. Die freien Inreime ließ der Überarbeiter stehen, weil bei ihnen überhaupt keine Nothwendigkeit des Reimes vorhanden war, die freien Endreime, die ohne Zweifel, wenn die Inreime zugegeben werden, vorhanden waren, beseitigte er und ließ nur einige wenige, die ihm entgiengen, stehen. Derselbe Fall in dem von mir bearbeiteten Herzog Ernst, der ältesten Überarbeitung des nur in Bruchstücken erhaltenen niederrheinischen Gedichtes; auch hier ließ der Überarbeiter, der im Ganzen reine Reime hat, einzelne Assonanzen stehen.

Scheinbar steht solcher Annahme entgegen, daß an manchen Stellen, wenn man freie Inreime zugibt, die Cäsur mit dem Ende reimen würde, wie

---

*) Das lässt nun Müllenhoff S. 78 für einen innern Reim gelten, den noch dazu der jüngere Überarbeiter eingeführt haben soll; ebenso *bruoder* : *fluote* 698, 1 (S. 50) also wie es ihm gerade passt.

476, 3. die schœnesten frouwen   daz ist âne lougen (: ougen).
991, 3. daz ich den recken immer   gerne welle minnen (: hinnen).
1009, 3. siu was von Irlande   komen mit Hagenen kinde (: gesinde)*)
1139, 3. daz siu vergezze ir leides.   min houbet ich ir neige.
   ich und mîne meide   suln ir immer dienen für eigen.
1157, 4. swie halt uns gelinge,   wir enmüezen Kûdrûnen vinden.
1256, 4. die man mit sturme næme,   daz ich die...stæle.

Denn wenn der Dichter diese Anklänge als Reime betrachtete, so würde er sie in der Cäsur vermieden haben, um nicht den falschen Schein eines Reimes zu wecken. Aber einmal können diese Anklänge erst vom Bearbeiter herrühren, dem sie natürlich nicht als Reime galten, und sodann reimt der Dichter ja wirklich *mm : nn* am Schluße, und doch vermeidet er nicht *immer : minnen* in der Cäsur und am Ende (991, 3). Sonach würden die andern, wenn gleich als Endreime nicht vorkommend, ebenso zu betrachten sein.

Es gibt aber noch eine andere Erklärung für die Assonanzen in der Cäsur. Der Dichter des Ganzen, d. h. der erste ursprüngliche Dichter, hat ohne Zweifel mündliche oder schriftliche Quellen gehabt, die er, wir können nicht beurtheilen wie frei, benutzt hat. Es waren Lieder, wie deren ältere Zeugnisse gedenken, Lieder, ohne Zweifel dem 12. Jh. angehörend und in der freien Reimform dieser Zeit, die sich im eigentlichen Volksliede gewiss noch länger erhalten hat, als in der Kunstdichtung. Die metrische Form dieser Lieder war, nach allem zu schließen, keine andere als die uralten Reimpaare von vier Hebungen, mögen dieselben nun in fortlaufender Folge gestanden haben, oder, was mir wahrscheinlicher ist, in Strophen getheilt gewesen sein. Von diesen Vorlagen könnten die freien Inreime herrühren; an manchen Stellen lassen sich, wenn man die zweite Vershälfte, die leicht Entbehrliches enthält, nicht berücksichtigt, Reimpaare herstellen. So 442, 3, wenn man schreibt

   sie solden zuo den scheffen.
   die kräme stuonden offen.
1002, 1. dô sprach diu küniginne:
   sin volget niemanne.
647, 3. daz in liuhten began
   der louc ûz gespenge.
   daz werte vil unlange.

---

*) Der Reim wäre wie *blinden : Riflanden* Kaiserchr. 14441. 14739. *banden : binden* Karaj. 51, 13.

1523, 3. er vienc sie bî dem hâre.
   siu zürnen was vil swære
477, 1. dô sprach der ritter edele:
   die vînde die sint frevele.
1079, 1. dô sprach der ritter edele:
   Hartmuot mit frevele —

Aber nicht immer war dies das Verfahren des Dichters, daß er die zweite Halbzeile hinzudichtete; mitunter benutzte er auch für sie ein anderes Reimpaar. 490, 1 hat der Text *ez wolden niht gelouben die von Tenelant, sin sæhenz mit ir ougen, ze Wâleis ûf den sant* — hier könnte es geheißen haben

   ez wolden niht gelouben,
   sin sæhenz mit ir ougen,
   die von Tenelande,
   ze Wâleis ûf dem sande —,

nur daß dann nicht im folgenden *komen* das ursprüngliche Verbum sein kann.

Die 625. Strophe lässt sich so auflösen:

   dô kunde siu dem degene,
   siu gunde im wol ze lebene;
   daz er gâhen solde,
   ob er leben wolde,
   von dem hove dannen,
   vor Heteln und sînen mannen

oder, wenn dies der Schluß eines Absatzes war, vielleicht mit fünf Hebungen wie in der Kudrun

   vor Hetelen und vor allen sînen mannen.

Durch letztere Annahme würde sich auf die einfachste Weise die Schlußzeile der Kudrunstrophe erklären.

Noch ein paar Beispiele:

1160. nu hœret, guote degene:
   erbünne man uns lebenes
   sone sult ir niht vergezzen,
   ir helde vil vermezzen,
   irn rechet iwern anden
   mit swerten in Hartmuotes lande.
714. Herwîc streit dâ selbe
   vor porten und an velde

daz nieman enkunde baz.
dâ von wart im dicke naz
sîn houbet under ringen.
725. do enbôt hin heim Hetele
den schœnen frouwen edele *),
in wære wol gelungen,
alden unde jungen,
in stürmen und in strîten.
sie solden ir genendicliche biten.

Natürlich würden dann zunächst nur diejenigen Assonanzen in der Cäsur alt sein können, die durch den Inhalt der betreffenden Strophen eine ältere Grundlage wahrscheinlich machen. Aber diese Grenze ist schwer zu ziehen, denn auch bei den Parthien der Kudrun, die offenbar kein volksthümliches Gepräge haben, kann der Dichter Theile älterer Gedichte, aus dem Kreise der Spielmannspoesie etwa, benutzt haben; denn gerade diese liebt das Wunderbare sehr, wie es sich im ersten Theile unseres Gedichtes und auch weiterhin findet.

Durch diese Annahme erklärt sich auch das häufige Vorkommen des innern Reimes, theils des genauen, theils des assonierenden; damit ist aber nicht ausgeschlossen, daß eine spätere Hand den Inreim an manchen Stellen eingeführt habe (vgl. oben), wo das ursprüngliche Gedicht ihn nicht hatte. Wir werden dann eines von Müllenhoff angenommenen Überarbeiters mit archaistischen Liebhabereien überhoben, der uns, geradezu gesagt, ein Unding scheint.

Wir betrachten den Endreim und die dabei vorkommenden Ungenauigkeiten. Von vocalischen Freiheiten begegnet am häufigsten die Bindung a : â vor n, lân : dan 87, 1. : man 123, 1. 382, 1. man : hân 140, 1. 211, 1. : gân 151, 1. 177, 1. began : lân 225, 1. stân : man 292, 1. man : getân 326, 1. 342, 1. 357, 1 u. s. w. in allen Theilen des Gedichtes **), wie überhaupt in allen Dichtungen aus dem Kreise der deutschen Heldensage.

---

*) Der Inreim Hetele : edele ist von mir oben nicht angeführt worden, weil d : t nicht zu assonieren pflegen. Nimmt man aber die niederdeutsche Form Hedene an (und niederdeutsch war ja die Sage, niederdeutsch konnte also auch die Vorlage des Dichters sein), so ist Hedene : edele eine ganz richtige Assonanz, vgl. redene : edelen Kaiserchr. 4596.

**) Wenn Müllenhoff S. 112 behauptet, der Reim an : ân komme vor 211 gar nicht vor, so ist das ein Zeichen, wie aufmerksam er das Gedicht studiert hat! Ebenso unrichtig ist, daß diese Bindung im Ganzen 47mal vorkomme, sie begegnet vielmehr 54mal, es kommen also auf das unechte bei Müllenhoff 37 Stellen.

Vor *r* war einmal *dar* : *jâr* 1090, 1.

e : *ê* wird im Ganzen sorgfältig unterschieden; nur folgende Belege der Bindung finden sich, *wëgen* : *slegen* 367. *slegen* : *dêgen* 514, 1. *wer* : *hêr* 703. *gebët* : *stet* 1133. *sëdele* : *edele* 1631, 3; im Inreim noch 1618, 3. *engegene* : *dêgene* 1120. 1489; im Inreim 219, 3. 467, 1. 1573, 1. 1587, 3. 1105, 3. *phelle* : *wëlle* im Inreim 1189. 3. *geste* : *gebrësten* 259. 330, 1 im Inreim. *gesten* : *gebrësten* 1106. : *enwësten* 1150. *besten* : *wëste* 1197. *veste* : *wëste* im Inreim 747, 3.

e : *ê* wird nicht gebunden; denn die von Müllenhoff S. 112 angeführten beiden Stellen beruhen auf Fehlern.

i wird lang gebraucht in der Silbe *lîch*, kein *lich* kömmt vor; vgl. *anelîch* : *rîch* 101, 1. *gelîch* : *rîch* 1678, 1; und *lobelîch* : *tegelîch* 473, 1. *minneclîch* : *anelîch* 1239, 1. *lobelîch* : *anelîch* 1241, 1. Die Feminina in *în* haben ebenfalls immer langen Vocal, kein *in*, vgl. *künigîn* : *sîn* 63, 1. *herzogîn* : *sîn* 1516, 1; *künegîn* : *magedîn* 1539, 1. Daneben kommt die Form in *inne* in zahlreichen Reimen vor; aber daß sie die einzige dem Dichter zukommende sei, wie Müllenhoff S. 187 zu meinen scheint (zu 685, 1), ist ganz unrichtig, selbst wenn man die Unechtheit jener Reime und Strophen zugeben wollte.

Berührung von *i* : *ie* findet statt in den Reimen *lieht* : *niht* 1243, 1. : *iht* 1325, 1, was bei österreichischen Dichtern sehr häufig vorkommt.

Von consonantischen Ungenauigkeiten ist am häufigsten *e* : *en* im klingenden, aber auch zuweilen im stumpfen Reime. *mâge* : *betrâgen* 4. : *lâgen* 507 u. s. w. Bemerkenswerth *mîn* : *sî* 1315, 1. Vgl. die oben Abschn. I. angeführten Stellen, wo die Handschrift die Freiheit durch ein *n* ausgleicht. Müllenhoff S. 113 meint, die meisten Reime dieser Art seien zu entfernen; wir erblicken im Gegentheil eine charakteristische Formeigenthümlichkeit des Gedichtes darin, die der Schreiber nur dem Blicke eines oberflächlich den Text studierenden verhüllen konnte.

Ferner werden gebunden Mediæ unter einander: *phlegen* : *gegeben* 916, 1. Tenues, *sluoc* : *wuot*, wie ich 864, 1 gebessert habe. Müllenhoff S. 113 (vgl. 71) nimmt 722 den Reim *Herwîc* : *sît* an; die Hs. reimt *Sîfrit* : *in hochferten seyd**). Was der Schreiber 'wollte', ist gleichgültig; die Lesart *in hôchvertem sit*, wofür man auch *hôchverten* schreiben dürfte, wenn man das *em* in der letzten Senkung anstössig findet (doch vgl. oben), entspricht dem in den Nib. mehrmals vorkommenden Pluralis *in hôchverten siten*. Das adj. *hôchverte*, schon von den Hss. des Nibel. öfter durch *hôchvertic* ersetzt, hat in der Kudrun immer

---

*) Auch 354, 1 schreibt die Hs. *seyt* statt *sit*.

diese Form (vgl. oben); in 722, 2 ist es durch Missverstand mit dem Subst. verwechselt.

Tenuis und Aspirata, nur in *tae* : *sprach* 1166, 1. Liquiden, nur *m* : *n*, *vernam* : *began* 49, 1. *man* : *genam* 218, 1. : *vernam* 856, 1. 894, 1. *allesant* : *sant* 751, 1. *gesteine* : *heime* 1131. *riemen: dienen* 1146. 1226. *niemen* : *dienen* 1484. Ebenso geminiert *mm* : *nn*, *grimme* : *válentinne* 629. *grimmen* : *gewinnen* 921. Verbindungen von Liquiden und Mutis. *selben* : *melden* 848. : *engelden* 1491. *mannen* : *ergangen* 1508. *küniginne* : *bringen* 225. 592. 635. 906. 1646. : *ringe* 692. *misselingen* : *gewinnen* 877. *gewinnen* : *gedinge* 945. Die Verbindung *nn* : *nd* begegnet nicht, denn *ünde* : *künnen* (Müllenhoff S. 113) 842 ist falsch.

In der dritten und vierten Zeile stehen am Ende nur wirklich klingende Reime, keine dreisilbigen mit drittletzter kurzen; das ist leicht erklärlich (vgl. S. 81), doch begegnen einige Ausnahmen, nicht bloß *sedele* : *edele*, das Müllenhoff S. 114 anführt, 1631. 3, sondern auch *engegene* : *degene* 1120, und wohl ebenso 1489. Wahrscheinlich ist auch der Reim *helde* : *selde*, der sehr häufig ist, als *helede* : *selede* zu fassen (s. unten).

Von dem rührenden Reime der Kudrun hat Müllenhoff ein paar Beispiele S. 113 gegeben, aber ebenso unvollständig wie anderes. *man* : *man* 664. *began* : *gân* 1324. *sant* : *alle sant* 751. *sîn* : *sîn* 158. *Normandîn* : *meidîn* 1630. *soumære* : *mære* 595. *Hegelingen* : *misselingen* 741. *kunden* : *kunden* 724 ist am meisten bedenklich, weil gar keine Verschiedenheit der Bedeutung da ist. *unzerunnen* : *entrunnen* 257. *gewünne* : *wünne* nach meiner Herstellung 1621, 3; kaum ist *erfunden* : *phunden* 1674 ein rührender Reim, weil *ph* sich wahrscheinlich in der Aussprache von *f* unterschied. Sehr häufig sind rührende Reime in *lich*, darunter auch solche, die bei den höfischen Dichtern am Anfange des 13. Jahrhunderts nicht erlaubt galten, *lobelîch* : *tegelîch* 473. *minneclîch* : *anelîch* 1239. *lobelîch* : *anelîch* 1241. *lasterlîche* : *gelîche* 288. *grimmeclîche* : *lobelîche* 934. *frœlîche* : *trûreclîche* 974. *gelîche* : *lobelîche* 1342.

Der Reim führt uns zu den sprachlichen und mundartlichen Eigenthümlichkeiten des Gedichtes, die sich, da auf die Schreibweise der späten Hs. nichts zu geben, eben nur aus dem Reime erkennen lassen. Die Sprache weicht von der reinen mittelhochdeutschen wenig ab.

In vocalischer Beziehung erwähne ich *a* für *o*, nur im Inreim, *mahte* : *ahte* 742; ferner die Abwerfung des *e* am Schluße nach kurzer Silbe, in *sit* : *Sifrit* 722, was auch in den Nibel. bei demselben Worte mehrfach vorkommt. Nach langer Silbe in *aht* (: *vaht*) 444. (: *naht*) 1669, wenn man *aht* für eine verkürzte Form von *ahte* halten will, das im Inreim 742 vorkommt.

Beim *i* bemerke ich die Bindung mit *ie*, vgl. S. 87. *ou* steht nach österreichischer Art für *û* in *koume* : *soume* 1603 und in dem regelmäßig vorkommenden *getrouwen* im Reime auf *schouwen* 51. 537. 1363. 1387. : *frouwen* 165. 198. 215. 251. 269. 326. 363. 411. 491. 620. 654. 949. 992. 1044. 1161. 1305. 1436. 1527. 1541. 1647. 1687. : *houwen* 1457. Ebenso im Partic. *gerouwen* im Reime auf *frouwen* 499. 738, auf *houwen* 717. Auch wo kein Zwang des Reimes vorliegt, ist daher *ou* zu schreiben, *bouwen* : *getrouwen* 1285.

uo steht für *ô* in dem einzigen *duo* für *dô* : *fruo* 827. Die Hs. hat hier wie oft *die*, was ich oben aus *dú*, verlesen für *dû*, erklärt habe. Da niemals *dô* reimt, so war *duo* wohl die dem Dichter allein geläufige Form.

Der Umlaut herrscht durchgängig : im Dat. plural. von *hant* erscheint *henden* und *handen* im Reime; das letztere 20. 163. 185. 348. 475. 506. 574. 647. 726. 833. 884. 912. 1181. 1248. 1417. 1584. 1668. 1684; das erstere 557. 686. 722. 861. 961. *á* für *æ* aus den Inreimen *jâre* : *wære* 358, 3. *hâre* : *swære* 1523, 3 zu folgern, sind wir nicht berechtigt; vgl. oben S. 82. Schwanken herrscht in Bezug auf *u* und *ü* vor doppelter Consonanz. Wenn *ünde* (unda) so und nicht *unde* lautete, und ebenso *künde* (adj.) *künden* (verbum) *unkünde* (subst.) den Umlaut hatte, so müssen auch die Conjunctive *künde* (: *ünden* 266), *fünde* (*fünden* : *ünden* 1272, *unkünde* : *erfünden* 329), *wünden* (: *ünden* 842) gelautet haben. Andererseits begegnen Reime, die das *u* an denselben Formen erweisen, *gunden* (gönnten) : *gewunden* 113. *erfunden* (partic.) : *kunden* (könnten) 374. *munde* : *kunde* 383. *wunde* : *funde* 515. *stunde* : *funde* 585 u. s. w. Man könnte dies Schwanken vermeiden, und überall *u* schreiben, also auch *unde*, *kunden* (nuntiare); dem widerspricht aber 13, 3 *von des meres ünde wæjen abe begunde* (: *kunde*), denn wenn der Dichter *unde* sprach, würde er diesen Gleichklang, der noch verschieden ist von den oben (S. 84) erwähnten Assonanzen zwischen Cäsur und Ende, vermieden haben. Ebenso 276, 4 *úf des meres ünden in dem lande ienen héte funden* (: *stunden*); 1537, 4 *dô fuorter zuo den ünden diu sie erslagen vor der porten funden* (: *verchwunden*). Daher ist eine umgelautete Form neben der nicht umgelauteten im Conjunctiv anzunehmen. *ô* für den Umlaut *æ* will Müllenhoff S. 58 in dem Inreim *Môren* : *hæren* 721; aber der Plural von *Môr* lautet auch *Mære*. Ebensowenig ist in *mûre* : *untûre* (Müllenh. *untiure*) 790 eine Bindung von a und seinem Umlaut zu erblicken, denn *untûre* ist die in der Redensart *mich nimt untûre* neben *untûr* übliche Form. In dem Reime *süene*: *küene*, der nur in der Cäsur erscheint (1085, 1. 1644, 1) steht *süene* für das gewöhnliche mhd. *suone*; man könnte auch *suone* : *kuone* annehmen, so daß in letzterem Worte der Umlaut mangelte. Den Reim hat auch Biterolf und Klage (Heldensage 151); da aber daneben im Biterolf *suone* : *ze tuone* vorkommt (12524), so wird *suone* : *kuone* auch dort wahrscheinlich.

Von Consonanten ist *d* zu bemerken, das nach *l* und *n* erweicht für *t* steht. Im beweisenden Reime finden sich *erkande* 9. 624. 641. *bekande* 647. *nande* 111. *sande* 300. 385. 402. 420. 472. 523. 550 u. s. w. *wande* 574. *brande* 678. 683. 1534. *kunden* 1098, 3. *wolde* 164. 1368. 1500. *solde* 1680. *engelden* : *selben* 1491. Darnach habe ich *d* durchgeführt, auch *molde* für das gewöhnliche *molte* geschrieben (531. 673), da die Form mit *d* auch sonst vorkommt (mhd. Wb. 2, 27ᵇ).

c wird *ch* in dem oben bemerkten Reime *tac* : *sprach* 1166. Vor folgendem *t* verwandelt sich *c* in *h*, das beweist der Reim *erschraht* (Partic. von *erschrecken*) : *maht* 59, 1; daher war auch im Präteritum schwacher Verba, deren Stamm auf *k* ausgeht, *h* zu schreiben, also *wahte, strahte, kuhte* u. s. w. Im Inreim kommt vor *erstrahten* : *erkrahten* 1119, 1.

h wird ausgeworfen in dem bei oberdeutschen Dichtern häufigen *enphân* für *enphâhen* (: *getân*) 306, 1. (: *gân*) 1575, 1; daneben häufiger die volle Form *enphâhen* im Reime 235. 283 u. s. w.

Der Accusativ von Eigennamen geht häufig in *e* aus, wie im Biterolf und der Klage (Heldensage S. 151). Ich habe theils mit der Hs. theils gegen sie geschrieben *Irolde* 231, 4. 310, 2. 1176, 2. 1515, 3. *Gêrlinde* 597, 3. *Herwîge* 821, 1. 1332, 1. 1489, 4. *Hartmuote* 951, 3. 1286, 4. 1365, 1. *Hildeburge* 1339, 3. 1624, 4.

Die Pronominalform *sie* erscheint nirgend im Reime, weder *sî* noch *sie*; daraus läge am nächsten zu folgern, daß die Form *si* dem Dichter die einzig geläufige gewesen sei. Dem steht aber entgegen, daß *si* in verschiedener Bedeutung auf der Hebung vor einem Vocal steht, was auf Länge hinweist. So *si*, ea : *ob si im iht gedienet* 185, 3. *wie lægs si im bî* 610, 1. *jâ mohte si ir adeles niht geniezen* 1007, 3. Vgl. noch 1047, 3. 1293, 2. 1505, 1. 1688, 2. *si*, eam : *die si ouch gerne sähen* 46, 3; vgl. 538, 1. 811, 3. 1541, 3. *si*, ii : *des kômen si in nôt* 135, 2. *des muosten si engelden* 194, 3; vgl. 221, 3. 411, 4. 631, 4. 719, 2. 896, 1. 1162, 1. *si*, eos : *wan daz si ir ruowe* 857, 3. Ettmüller und Vollmer schreiben *sî*, Müllenhoff und Pœnnies *si*. Ich habe im Nom. sing. des

Femin. *siu* geschrieben, weil darauf der Schreibfehler 986, 4 (vgl. oben) hindeutet; in den übrigen Formen schreibe ich *sie*, weil der in jeder Beziehung nahverwandte Biterolf und die Klage diese Form im Reime haben (der Norm. sing. fem. kommt nicht vor, was wiederum auf *siu* weist), vgl. Bit. 6261. 7421. 10088. 10518. 11714. Klage 893 Lassb. 1271 L.

Beim Verbum ist zu bemerken, daß die 2. Person Plur. nicht in *nt*, sondern nur in *t* ausgeht; die Hs. hat meist das richtige, nur ein paarmal *nt*. Von einzelnen Verben erwähne ich *haben* wegen seines Präteritums; durch den Reim bewiesen ist nur die Form *hiete, hieten : rieten* 443. *hiete : verbieten* 1015; im Inreim *riete : hiete* 633, 1; außer Reime hat die Hs. es noch 806, 3. 136, 2. Der Inreim hat außerdem einmal *hæte* (*hæten : tæten* 285, 1). Die einzige dem Dichter geläufige Form war *hiete* schwerlich. Eine Menge Stellen zeigen, daß die vorletzte Silbe kurz gebraucht wurde, also *hete*, vgl. *hete ze liebe erzogen* 55, 2. *ouch het der wilde Hagene* 106, 1. *Hetele hete gedanke* 238, 4. *sie hete wol tûsent mîle* 288, 1. Vgl. noch 431, 2. 485, 1. 495, 3. 499, 4. 502, 1. 529, 2. 550, 2. 551, 4. 556, 2. 606, 3. 629, 1. 644, 3. 677, 2. 713, 2. 746, 4. 755, 4. 788, 2. 828, 1. 852, 3. 857, 4. 887, 1. 887, 3. 1012, 3. 1022, 4 u. s. w. *het* steht sogar verkürzt in der Senkung vor Consonanten, *het man dâ unwert funden* 301, 3. *het lant diu vil rîchen* 544, 3. *het Hagene wol gesehen* 550, 1. *den siu het fride gewunnen* 1526, 1. Einmal im zweisilbigen Auftakt, der allerdings durch Elision einsilbig wird, *er het siben fürsten lant* 2, 2. Länge ist dagegen überall anzunehmen, wo das Präteritum in der Cäsur steht. Ich habe hier die Form mit *ê* gewählt, *hête*, für den Indicativ wie Conjunctiv, denn wenn sie nicht im Reim steht, so ist das natürlich, weil auf *hête* es kein deutsches Reimwort gibt. Das Nichtvorkommen im Reime spricht aber gegen *hâte*, Conj. *hæte* (Vollmer schreibt in beiden Fällen *hæte*). Reime auf *âte* und *æte* sind in der Kudrun durchaus nicht selten, aber niemals reimt *hâte* oder *hæte*. Gegen *æ* spricht ferner 1607, 3 *dô er verjehen hête daz erz gerne tæte* (: *stæte*), weil sonst der Dichter diesen übellautenden Inreim vermieden hätte. *hête* ist als Indicativ anzunehmen 45, 1. 103, 1. 180, 3. 186, 3. 189, 1. 327, 2. 456, 2. 601, 3. 611, 3. 623, 3. 641, 2. 663, 4. 672, 3. 679, 3. 693, 4. 798, 1. 875, 1. 1018, 4. 1107, 4. 1205, 3. u. s. w., als Conjunctiv 127, 4. 209, 2. 282, 3. 297, 4. 489, 3. 589, 2. 794, 2. 847, 4. 906, 3. 929, 2. 989, 4. 1076, 3 u. s. w.

stân und *stên* kommen neben einander vor; ebenso *gân* und *gên*, im Infinitiv natürlich nur die *â*-Form, außer wo *gên : stên* auf einander reimen, im Conjunctiv häufiger *ê* als *â*. *komen* hat im Präteritum *kom*,

Plur. *kômen*, Conj. *kæme*, nicht *a, â, æ*. Der Beweis ist ähnlich wie bei *hête* ein indirecter, auf die erwähnten Formen würde nichts gereimt haben, daher erscheinen sie nicht im Reime. Daß aber bei häufigem Vorkommen des Reimes *am* niemals *kam* oder *quam* erscheint, daß der Reim -*âmen* gar nicht, *æme* nur einmal im Inreim (*næme : zæme* 740, 3) vorkommt, spricht deutlich genug für die Formen mit *o*. Die Handschrift und die Ausgaben schwanken zwischen *o* und *a*.

Von einzelnen Partikeln hebe ich hervor, *sâ* im Reime auf *dâ* 736, 1; daneben vielleicht *sân* (: *begân*) 1583, 1, wie ich statt des unrichtigen *an* der Hs. geschrieben; beide Formen neben einander haben auch Klage und Biterolf, die Nibel. kennen nur *sân*. Eine dreifache Form hat das adv. *sît*, 'nachher', nämlich neben dieser, die durch Reime 224. 371. 653. 663. 949. belegt ist, noch *sint*, die häufigste im Reime 79. 128. 206. 285. 509. 585. 588. 632. 655. 659. 749. 1094. 1253. 1293. 1507. 1579. 1644. 1666. 1670, und *sider*, im Reime 823. Auch dieser Gebrauch stimmt mit Biterolf und Klage, sowie mit den Nibelungen überein.

III.

In Österreich, speciell vielleicht in Steiermark, werden wir die Heimath des Gedichtes ohne Zweifel zu suchen haben; darin stimmen alle bisherigen Forscher überein, darauf weisen die angeführten mundartlichen Eigenthümlichkeiten hin. Niederdeutsches, worauf der Schauplatz der Sage führt, lässt sich nicht nachweisen *), wenn wir auch annehmen dürfen, daß die Lieder, die der Dichter gehört hatte und benutzte, niederdeutschen Ursprunges waren. Daß niederdeutsche Sänger und Lieder nach Oberdeutschland kamen, darf in einer Zeit allgemeinen poetischen Wanderlebens nicht Wunder nehmen und lässt sich durch andere Beispiele erhärten. Lamprecht's Alexander z. B. ist ohne Frage ein in niederdeutschen Gegenden entstandenes Gedicht, wir finden ihn in der Vorauer Handschrift, die im zwölften Jahrhundert geschrieben ist und gerade nach Steiermark gehört. Das niederrheinische Gedicht von Herzog Ernst war nach 1180 in Oberbaiern bekannt und ein niederdeutscher Spielmann dichtete in Baiern den Ruther.

Abweichender sind die Meinungen bezüglich der Abfassungszeit. Soviel ist sicher, daß der Dichter der Kudrun das Nibelungenlied kannte, und zwar nicht in einzelnen Volksliedern, wie Lachmann sie annimmt, sondern als Ganzes wie es uns vorliegt, da er an zahlreichen Stellen echte und unechte Strophen (nach Lachmann's Bezeichnung)

---
*) Doch vgl. die Anmerkung oben S. 46.

benutzt hat. Darnach müßte die Kudrun nach 1210 fallen, indem Lachmann um 1210 die jetzige Redaction des Nibelungenliedes setzt. Damit würde auch übereinstimmen, daß der Dichter Bekanntschaft mit Wirnt's Wigalois verräth, aus dem er den Namen *Wigâleis* (582, 2. 715, 1. 759, 1) entnommen hat. Und andererseits würde sich der terminus ad quem leicht ergeben durch die Wolfram'sche Nachbildung der Kudrunstrophe im Titurel, der nach Lachmann vor 1215 entstand, indem 1215 der Dichter schon den Willehalm angefangen hatte. So würde die Abfassung der Kudrun nach 1210, vor 1215 fallen, mithin etwa um 1212 (vgl. Müllenhoff S. 124). Aber nur 'die echten Theile des Gedichtes' (Müll.) gehören dieser Zeit an, die erste Überarbeitung fällt um 1230, die zweite und dritte etwa 1250 (Müllenhoff S. 94).

Allein obige Berechnung ruht in mehrfacher Beziehung auf falschen Daten. Die Abfassungszeit des Nibelungenliedes (1210) ist keineswegs sicher. Ich kann hier die Beweisführung nicht geben, sondern muß auf meine inzwischen erschienenen Untersuchungen über das Nibelungenlied verweisen, in denen dargethan ist, daß, abgesehen von den zu Grunde liegenden Liedern, das ganze Epos wenigstens um 1190 schon vorhanden war. Auch die Strophenform ist der Strophe der ganzen Nibelungendichtung nachgebildet, denn ob jene vermutheten Volkslieder, wie sie Lachmann hergestellt zu haben glaubt, in derselben Form gedichtet waren, ist mehr als zweifelhaft, zum mindesten durch nichts zu erweisen. Die Nachahmung einzelner Stellen weist ebenfalls auf das Nibelungenlied als Ganzes, nicht auf die demselben unterliegenden Lieder. Aber auch der terminus ad quem muß verändert werden. Wolfram's Titurel ist nicht um 1215 entstanden, sondern des Dichters Jugendarbeit. Denn ich stimme Pfeiffer's Beweise (Germania 4, 301 bis 308) vollständig bei, der in den Worten im Titurel 37, 4,

des wil ich hie geswîgen und künden iu von magtuomlîcher minne, nicht eine Beziehung auf ein hinter dem Dichter liegendes Gedicht, die ersten Bücher des Parzival, sondern eine Hindeutung auf ein in Zukunft beabsichtigtes Werk erblickt. Wir werden daher den Titurel wohl schon um 1200 anzusetzen haben. Man könnte einwenden, daß Wolfram die Kudrunstrophe nicht aus unserm Gedichte, sondern aus einem älteren in derselben Form gedichteten Werke gekannt, daß es Volkslieder in dieser Form gegeben habe. Dem stelle ich entgegen, was ich schon oben bemerkte, daß die Kudrunstrophe ihrer ganzen Natur nach niemals eine volksthümliche gewesen sein kann, daß sie erst von ihrem Dichter eigens für den Zweck dieses Gedichtes erfunden und auch von keinem späteren wieder benutzt wurde.

Unserer Zeitbestimmung, wonach die Kudrun in ihrer ursprünglichen Gestalt zwischen 1190—1200 fallen würde, steht scheinbar entgegen die Einführung des *Wigâleis*. Allein der Dichter, der ein Land *Gâleis* kannte (641, 2), bei dem *Wâleis* so oft vorkommt, worunter er ohne Zweifel *Wales* verstand, wenn es auch ursprünglich einen Theil der deutschen Nordseeküste bezeichnete*), konnte bei mancherlei anderer Sagenkunde, die er in den volksthümlichen Stoff einmischte, auch vor Wirnt schon von dem Namen *Wî-gâleis* Kunde haben. War denn Wirnt's Wigalois, selbst angenommen, daß die Kudrun erst um 1212 entstanden sei, damals schon so bekannt und berühmt, daß unser Dichter hätte veranlasst werden sollen, diesen einen Namen und keinen der berühmteren Artusritter in seine Dichtung herüberzunehmen? Wenigstens werden wir gegenüber von bedeutsameren Gründen uns durch diesen einen Namen nicht bestimmen lassen, die Kudrun nach 1210 anzusetzen.

Der Biterolf ist in seinem ersten Theile Nachahmung eines französischen Stoffes; der Sohn zieht heimlich vom Hause fort, um den Vater zu suchen. Gleiches thun Lanzelet und Wigalois (Müllenhoff S. 106). Wenn der Dichter des Biterolf, der dem Ende des 12. Jhs. angehört und ebenfalls in Steiermark entstand, ein französisches Gedicht solches Inhalts kannte, so kann dies ebensogut ein französischer Wigalois, wie ein französischer Lanzelet gewesen sein, und der Dichter der Kudrun konnte es kennen. Auch aus diesem Grunde ist also der Name Wigaleis kein Beweis gegen unsere obige Zeitbestimmung. Eine französische Dichtung desselben Inhaltes wie Wirnt's Wigalois ist neuerdings nachgewiesen (Ebert's Jahrbuch 4, 317 ff.); hier heißt der Held Giglain.

Zu den aus dem Verhältniss zu andern Dichtungen entnommenen Gründen gesellen sich solche, die wir dem Gedichte selbst entlehnen. Wir können die schon oben bemerkten freien Endreime geltend machen, die sich erhalten haben. Freilich hat auch Wolfram vereinzelt solche, ebenso Stricker u. a. (Gramm. 1², 445); aber nicht entfernt so viele im Vergleiche des Umfanges. Dazu kommt, daß Wolfram, bei dem sie wohl am häufigsten sind, ein Dichter ist, der auf die Form keinen Werth legt, ja nicht einmal feinen Sinn für Schönheit der Form hat; die metrische Form ist aber beim Dichter der Kudrun äußerst sorgfältig. Da seine Dichtung die Bestimmung hatte, die höfischen Kreise zu

---

*) Wolfram versteht *Valois* unter *Waleis*.

unterhalten, so würde er auch im Reime, da er im Übrigen die Form
kunstgerecht hielt, den Anforderungen seiner Zeit sich bequemt und
nicht Assonanzen eingemischt haben. Wir könnten ferner auf die freien
Cäsurreime verweisen (vgl. W. Grimm, zur Geschichte des Reims
S. 51), wenn hier nicht die andere oben gegebene Erklärung wahrscheinlicher wäre. Dagegen sind nicht zu übersehen Alterthümlichkeiten
in gewissen Formen, die schon im Beginn des 13. Jhs. nicht mehr
vorkommen. Dahin ist zu rechnen *nerjen* statt *nern* 82, 2 in der
Cäsur, da *neren* unerlaubt wäre. *habete*, präter. von *haben*, 566, 4, in
der Bedeutung 'hatte'. *niwen* statt *niun* 854, 2. 931, 2. 1663, 3;
vgl. auch *jiwer* 104, 1. *helede*, dreisilbig, durch den Inreim (: *edele*
684, 1. 1328, 1) gesichert; freilich ist dies Inreim, aber auch am Schluße
wird *helde* immer nur mit *selde* (d. h. *selede*) gebunden, nicht mit *velde*,
engelden u. s. w. Vgl. 345. 448. 493. 497. 743. 785. 795. 936. 938. 972.
1070. 1264. 1346. 1374. 1378. 1453. 1535. 1656. Der Grund kann nicht
sein, daß *helde*, *selde* umgelautetes, *vëlde* gebrochenes *e* hat, denn Reime
e : *ë* finden sich, wenn auch nicht allzuhäufig; auch würde z. B.
zelde (Dat. von *zelt*) genau reimen. Der Dichter empfand noch die
Dreisilbigkeit beider Wörter, und schrieb vielleicht wirklich *helede* :
selede. *wirdet* statt *wirt* ist aus 215, 4 zu folgern; im Reime findet
sich *wirt* gar nicht (ein Reim in *irt* kommt überhaupt nicht vor), innerhalb des Verses muß die syncopierte Form daneben angenommen werden;
vgl. 258, 4. 306, 2. 686, 2 u. s. w. Ferner *eltiste* in der Cäsur 77, 1.
118, 1. *mitteliste* 119, 1, die nicht verkürzte Form *dieneste* 83, 4. 662, 2.
1155, 4 neben der syncopierten. *schoenesten* 476, 3 und vor allem
bezziste 724, 4. 1588, 4, was der Vers erfordert. Vielleicht ist auch
1076, 1 statt *dô sandes aller êrste* zu lesen *dô sandes êreste* (: *weste*);
vgl. Wackernagel's Walther 24, 23. Ferner gehören hierher die alterthümlichen Reimformen *âbunden* : *erfunden* 376, 3, vgl. Biterolf 3612.
9241 *âbunt* : *wunt*; und im Inreim *âbunde* : *gunde* 47, 4. : *wunden*
518, 4. *weinunde* : *stunde* 616, 1, wie *snidunden* : *wunden* Bit. 6535.
suochunde : *stunde* Klage 2367 Lassberg. Endlich darf man das Vorkommen der Participia auf *ende* in der Cäsur für das Alter geltend
machen; denn dies steht der Verwendung der Participia im Reime
gleich, die auch nur noch im letzten Jahrzehend des 12. Jahrhunderts
vorkommt. Ein anderer Ton ruht offenbar auf *wéinènde sîn* als auf *dô
si si wéinènde* | *beide vor ir sach* 1244, 1, worauf wirklich *ellende* in der
zweiten Zeile reimt; jenes *weinende* vertritt zwei Hebungen und eine
Senkung, dies in der Cäsur drei Hebungen, indem ja die zweite
Silbe der klingenden Cäsur als eine Hebung gelten muß. So steht in

der Cäsur *lachende* 220, 4. *trûrende* 278, 1. 929, 1. *weinende* noch 1254, 1. 1387, 1. 1525, 1. Alle diese und vielleicht noch mehr durch den Schreiber verwischte Spuren (z. B. *frowede* statt *frőude*) weisen auf den Schluß des zwölften Jahrhunderts hin, und dazu stimmt das früher aus verschiedenen Merkmalen gefolgerte Alter der Originalhandschrift, die spätestens dem Anfang des 13. Jahrhunderts angehört haben kann *). Die Geschichte unserer Kudrun lässt sich demnach folgendermaßen darstellen. Zwischen 1190 und 1200 dichtete ein in Österreich heimischer Dichter in einer Strophenform, die er dem auch anderweitig von ihm benutzten Nibelungenliede nachbildete, die Sage nach Volksliedern, die durch niederdeutsche fahrende Sänger nach Österreich gekommen waren. Daß diese Lieder ihm in schriftlicher Aufzeichnung vorlagen, möchte aus 505, 1 *als diu buoch uns kunt tuont* zu schließen sein; denn diese Berufung steht in einem Theile des Gedichtes, an dessen Volksthümlichkeit nicht zu zweifeln ist. Die andern Berufungen auf eine Quelle, in denen der Dichter mit seinem Ich hervortritt, sind allgemeiner Natur und dienen entweder bloß zur Ausfüllung des Verses oder sollen die Glaubwürdigkeit des Erzählten erhöhen: sie finden sich meist in der zweiten Vershälfte und bezeugen dadurch schon, daß der Reim sie hervorrief. Vgl. *alsô ist uns geseit* 9, 1. *als uns ist geseit* 166, 1. 338, 1. 1430, 1. *sô wir hœren sagen* 22, 1. 38, 1. 288, 2. 1109, 2. 1500, 1 *dâ von man daz mære wol erkennet* 22, 4, vgl. 197, 4. *von sô grôzer künste hôrt ich nie man gesagen* 541, 4. *jâ saget man uns daz* 549, 2. *diu rede ist alwâr* 617, 2. *für wâr sô weiz ich daz* 841, 1. *als ich hân vernomen* 874, 1. Er nahm aber jene Lieder, deren Reim sicherlich noch der alterthümlich freie des zwölften Jahrhunderts war, deren Form wir nicht kennen, die jedoch aller Wahrscheinlichkeit nach in den gewöhnlichen Reimpaaren, fortlaufend oder strophisch getheilt, abgefasst waren, nicht unverändert auf; manches aus ihnen mochte er ziemlich treu beibehalten und nur der veränderten strophischen Form, die er sich geschaffen, anpassen, wie an den oben angeführten Stellen nicht unwahrscheinlich ist.

Aber tiefgreifender ist die Veränderung, die er mit der Darstellungsweise vornahm. Er verpflanzte die alten volksthümlichen Lieder auf den Boden ritterlichen Lebens und gestaltete darnach die Schilderung in vieler Hinsicht anders und moderner. Wie die antiken Sagen und Persönlichkeiten sich dem mittelalterlichen Gewande des 12. und

---

*) Nach Müllenhoff S. 108 wurde die erhaltene Abschrift 'nach einer Hs. des 14. Jhs., wenn nicht ältern', gefertigt; Gründe sind nicht angegeben.

13. Jahrhunderts anpassen mußten, so wurden auch die männlichen und weiblichen Heldengestalten, die das Volkslied des 12. Jahrhunderts, treuer am Überlieferten festhaltend, gewiss noch ursprünglicher bewahrt hatte, modernisiert. Die Rücksicht auf die ritterliche Hofgesellschaft, für die sein Gedicht bestimmt war, veranlasste den Dichter hauptsächlich, der Darstellung eine ritterliche Färbung zu geben; ja noch mehr, aus andern dem Geschmacke der Zeit besonders zusagenden Dichtungen Züge aufzunehmen. Diesem Geschmacke verdanken wir namentlich die Erfindungen des ersten Theiles, die schwerlich auf alter Sage ruhen. Die Entführung Hagens durch die Greifen und deren Tödtung ist ein solcher, dem deutschen Volksepos ursprünglich fremder Zug; sie konnte dem Dichter aber aus der Sage von Herzog Ernst oder anderwärtsher bekannt sein. Die Geschichte der Voreltern erzählt er nach Analogie der höfischen Epik, wie z. B. die ersten Bücher des Parzival ausschließlich von Gahmuret handeln. In den späteren Parthien gehört hierher die Erzählung vom Magnetberge Givers, die wahrscheinlich auch auf die Sage von Herzog Ernst zurückzuführen ist. Das wunderbare Thier *gabilûn* (Zeitschrift 2, 1. Germania 1, 479), mit dem der junge Hagen kämpft, mit welchem vorher ein Löwe gekämpft hat*) und von dessen Blute Hagen trinkt und sich Kraft gewinnt, erinnert auf der einen Seite an den Kampf Siegfrieds mit dem Drachen, dessen Blut, in dem er sich badet, ihn unverwundbar macht, auf der andern an die Sage von Heinrich dem Löwen, die vielleicht in älterer Fassung als die uns erhaltenen Recensionen dem Dichter bekannt war. Derselben Rücksicht auf den Geschmack der modernen Zeit ist die Verlegung von Localitäten aus der Umgebung der Nordsee in den Süden und Orient zuzuschreiben, die durch gleiche oder ähnlich klingende Namen (z. B. *Môrlant*) begünstigt wurde. Ihr gebührt endlich der Schluß des Ganzen mit der vierfachen Hochzeit, der zu Liebe einzelne Personen, wie die ungenannte Schwester Herwigs, erfunden wurden. So weit können wir die Thätigkeit und das Verfahren des Dichters verfolgen. Wir können auch den Versuch machen, durch Hinzuziehung anderer Überlieferungen den ursprünglichen Bestand der Sage, wie sie dem Dichter bekannt war, in allgemeinen Zügen, im Großen und Ganzen zu bezeichnen, aber unmöglich ist es, bei jeder einzelnen Strophe ihr entsprechendes Vorkommen im Volksgesange nachzuweisen.

Ein Dichter dichtete das ganze Werk, dem vielleicht die letzte

---

*) So müßen wir uns den Zusammenhang 102, 2 erklären. Der Löwe geht sanft auf ihn zu, weil er ihn als seinen Erretter erkennt.

Feile noch fehlte. Denn so erkläre ich mir das Vorkommen der Nibelungenstrophe. Im Anfang, wo dem Dichter die Form seines Vorbildes, die er umgestaltete, noch aus diesem geläufig, die neue Form noch ungewohnt war, kommt sie häufiger, mitunter in ganzen Strophenreihen vor; im zweiten Theile ungleich seltener. Manche der als Nibelungenstrophen bisher betrachteten habe ich in die richtige Form verwandelt. Zuweilen war vielleicht nur das die Ursache, daß sich ein klingender Reim nicht gleichergab, und der Unterschied besteht dann nur im Reimgeschlechte, während die Zahl der Hebungen wie bei der Kudrunstrophe ist, so

1470, 4 *von Waten niht muoste sterben. vil grimme was der recke gemuot.*
287, 4 *swer die ünde bouwet, der muoz mit ungemüche genesen.*
30, 4 *nâch hôhem prîse werben: des ich hie künde noch nie gewan.*
474, 4 *ich geloube, daz dem degene in kurzer zîte lieber nie geschach* *).
1143, 4 *nider von dem berge. des freuten sich die wazzermüeden man.*

Hier liegt der Grund in der vorhergehenden Zeile; statt *gein dem tanne* hatte der Schreiber *in den tan* geschrieben, und schrieb darum auch in der nächsten *man* statt *manne*, ließ aber die Zahl der Hebungen unangetastet. Ein ähnlicher Fehler 1621, 3, wo außerdem vielleicht die Absicht, den rührenden Reim zu vermeiden, den Schreiber zur Änderung veranlasste. Solche Unebenheiten wären bei einer letzten Durchsicht wohl vom Dichter beseitigt worden; sie stehen der Verwechslung stumpfer und klingender Reime am nächsten, der man zuweilen in der lyrischen Dichtung begegnet (Germania 2, 288). Eine sonderbare Erklärungsweise einzelner Nibelungenstrophen sehe man bei Müllenhoff S. 44.

Wie die Ungleichheit der Form nicht berechtigt, mehrere Dichter an dem Werke thätig anzunehmen, so ist auch die Abweichung der Darstellung, die Verschiedenheit der poetischen Kraft kein ausreichender Grund. Die Übertragung eines volksthümlichen Stoffes aus alter Zeit, mit Empfindungen und Anschauungen, die weit über die Zeit des Dichters zurückreichen, auf den höfischen Boden mußte nothwendig eine Ungleichartigkeit, mußte seltsame Contraste hervorbringen. Wie sonderbar nimmt es sich aus, wenn der alte Wate, eine Gestalt, deren mythische Grundlage nicht zu verkennen ist, geschildert wird, das Haar mit Borten durchwunden, wie modische Herren um das Jahr 1200 es trugen!**) So sticht alles, was zur Schilderung des äußern Lebens

---

*) Die Hs. hat *geschache* (: *geschach*); das meint ohne Zweifel *geschæhe* (: *gesæhe*), und so kann man an diesem Beispiel den leisen Übergang von der einen in die andere Strophenform ersehen.

**) Stirnbänder, die häufig Seidenborten mit Gold durchwirkt waren, trug man auch im Norden (Weinhold, altnord. Leben S. 180); aber modischer ist es in der Kudrun gemeint.

gehört, die Beschreibung der Kleider, der Betten, der Ausrüstung der Schiffe, der Feste u. s. w., von dem eigentlichen epischen Stoffe ab; aber sind wir berechtigt, die betreffenden Strophen als Zuthat eines jüngeren Bearbeiters zu betrachten, da sie doch im Ausdruck, in Sprache und Metrik so genau zu dem Übrigen stimmen, daß eben nur ein und derselbe Dichter sie gedichtet haben kann? Wenn ein um 10—20 Jahre jüngerer Bearbeiter sich veranlasst sehen konnte, solche moderne Schilderungen einzuflechten, warum nicht schon der ursprüngliche Dichter? Das höfische Leben, wie es uns in diesen Beschreibungen entgegentritt, war um 1190 und noch mehr um 1210, wohin man gewöhnlich die Abfassung verlegt, im Wesentlichen dasselbe wie 20 Jahre später. Unserm modernen Gefühle widerstrebt die Vermischung der Sitten verschiedener Zeitalter, aber solche Objectivität besaßen mittelalterliche Dichter nicht. Wenn sie eine Spur davon besessen hätten, so würden sie auch das klassische Alterthum reiner aufzufassen befähigt gewesen sein. Es heißt etwas Modernes in die Poesie des 12. und 13. Jahrhunderts hineintragen, wenn man so zuversichtlich behauptet, daß jene Schilderungen, weil sie für unser ästhetisches Gefühl entbehrlich, ja sogar störend sein können, nicht von dem ersten Dichter verfasst seien.

Nicht minder sticht das, was der Dichter aus eigener Erfindung hinzuthat oder aus Zügen anderer Gedichte hineintrug, von dem Kerne der Sage ab; es ist farbloser, matter, unpoetischer, es versetzt uns in eine andere Welt, aus dem Kreise der Volkssage in den der gelehrten; aber wiederum finden wir hier dieselbe Übereinstimmung in Sprache und Versbau. Was man etwa von Verschiedenheiten der Sprache hat auffinden wollen (Müllenhoff S. 115 fg.) hat nichts zu bedeuten und ist meist willkürlich, zumal da die hier zusammengestellten Abweichungen erst das Resultat von Grundsätzen sind, deren Berechtigung nach dem eben Gesagten mindestens sehr zweifelhaft scheinen muß. So spricht 456—487 'die Leere des Inhalts, da nur der zärtliche, höfliche Empfang der heimkehrenden Helden und der Braut Hilde durch Hetel geschildert wird' (Müllenhoff S. 11) nebst den innern Reimen (von diesen wird gleich nochmals die Rede sein) dafür, daß diese Strophen von einem andern Verfasser seien. 1147—1149 sind nebst 1150. 1151 und 1142—45 darauf aus 'die Situation und zwar nicht ganz ungeschickt auszumalen' (S. 25). 'Die matte Weitläuftigkeit und die vielen Umstände, die, ehe Ortwin zu Worte kommt, erst gemacht werden, sind nur einem Erweiterer, der viel auf Höflichkeit hält, zuzurechnen' (S. 31). 'Die ganze Scene sollte zu einem ritterlichen Liebesabenteuer ausgemalt werden' (S. 61). 'Man sieht, es wird nur Scene gemacht, die eigentliche Handlung kommt um keinen Schritt weiter'. (S. 72). 'Nur um zu dieser treuen Magd [Hildeburg] einen Gegensatz abzugeben, ist Hergard da. Sie ist eine ganz müßige Figur und es ist gar nicht abzusehen, wo sie einmal, wäre sie sagengemäß, in die Handlung eingreifen könnte. Der Gedanke, der sie hervorbrachte, ist nicht so übel, in der Erfindung bleibt er wieder stecken, wie es Einfällen des ersten Überarbeiters stets ergeht' (S. 73 fg.). Wenn sie auch nicht sagengemäß war, was sich übrigens nicht erweisen lässt, so konnte diesen nicht so üblen Gedanken doch wohl der erste Dichter ebenso gut haben, wie ein Überarbeiter. Und was das Steckenbleiben betrifft, so ist bekannt, daß Dichter aller Zeiten in ihren Dichtungen hin und wieder Gestalten auftreten lassen, die an einer bestimmten Stelle einen Zweck zu erfüllen haben und nachher verschwinden, möge man darinnen einen Mangel der Composition erblicken oder nicht. 'Der Sänger des echten Liedes begnügt sich, das schauderhafte [nämlich wie Wate die Gerlind tödtet] nur anzudeuten' (S. 75). Die erste Halbzeile von 235, 1 und die letzte von 238, 1 werden zu einem Verse vereinigt und was dazwischen liegt, ausgeworfen, weil 'der Überarbeiter hier wieder Anlaß genommen hat, eine höfliche Scene einzuschalten und so die Handlung auszurecken' (S. 79). Der innere Reim wird sehr häufig als ein Verwerfungsgrund hervorgehoben, wo der Inhalt der betreffenden Strophen gut oder übel entbehrt werden konnte; wo das aber dem Kritiker nicht passt, da sagt er, die Strophe sei umgearbeitet, der innere Reim erst eingefügt. Man sieht, er lässt sich immer ein Hinterthürchen offen. Von einer 'völligen Verschiedenheit der Form', aus welcher ein anderer Verfasser gefolgert wird (S. 11; vgl. 49. 50), kann also gar nicht die Rede sein, denn die als echt erkannten Strophen haben ja auch innere Reime. Wenn von diesen angenommen wird, sie seien erst durch Überarbeitung hineingebracht, warum soll das nicht auch von jenen gelten, die wegen ihrer innern Reime verworfen wurden? Denn daß der innere Reim an manchen Stellen häufiger auftritt als an andern, kann nichts beweisen; wenn ein Umarbeiter Freude daran fand, so wird man ihm die Freiheit einräumen müssen, daß er, da er nicht consequent alle Cäsuren in Reime verwandelte (wie der Dichter des jüngern Titurel mit Wolframs Bruchstücken that), nach Belieben bald eine größere Strophenreihe so verzierte, bald hier und da nur einzelne Strophen. Wenn nun endlich manche Wörter nur in gewissen Strophen vorkommen, termini technici des höfischen Lebens, Worte wie *hurte, trunzûn, sigelâte, purpur, baldekîn, phelle, kastelân* (Müllenhoff S. 116), so ist das gar nicht wunderbar; denn diese Worte begegnen eben nur in Strophen, in denen ritterliches, höfisches Leben geschildert ist. Sie wären entbehrlich; aber muß denn jeder Dichter nur das unumgänglich Nothwendige sagen? und gestattet nicht zumal das Epos gewisse Ausschmückungen? Vielleicht ein echtes Volkslied aus jener Zeit würde sich solches Beiwerks enthalten haben; aber wirkliche Volkslieder behaupten ja die Kritiker der Kudrun gar nicht zu geben, sondern das Werk eines Kunstdichters. So würde auch vielleicht das Volkslied nichts von der Weichherzigkeit der Helden haben, die öfter weinen (vgl. Müllenhoff S. 24); aber der Dichter der Kudrun konnte diesen Zug, der in den höfischen Dichtungen oft vorkommt, seinen Helden andichten. Wir besitzen kein episches Volkslied aus der Zeit um 1200 (man wird uns hoffentlich nicht die zwanzig Lieder von den Nibelungen entgegenhalten wollen), wir wissen nicht einmal, in wieweit der Volksgesang sich von den ritterlichen Elementen freigehalten hat, ob nicht schon er aus andern Sagen nicht volksthümlicher Art Züge entlehnte, wie wir sie in der Kudrun finden, wie denn z. B. die Ernstsage später wirklich Gegenstand der volksthümlichen Dichtung wurde. Müllenhoff bemerkt (S. 93): 'Die Vergleichung des Ortnit und Wolfdietrich beweist, daß alle jene bei beiden Überarbeitern bemerkten phantastischen halbgelehrten Züge überhaupt in den Volksgesang eingedrungen waren, wie schon im zwölften Jahrhundert die rohe Spielmannspoesie ihre Stoffe damit versetzte.' Der Ortnit soll nach Müllenhoff um 1226—28 entstanden sein; mit welchem Rechte das behauptet wird, darauf kommt es hier nicht an. Wer dürfte wagen, die Grenze so genau zu bestimmen, wann solche Elemente eindrangen? Wenn sie um 1226 in den Volksgesang eingedrungen waren, warum nicht schon 1212, und wenn sie in den Volksliedern von Kudrun wirklich noch nicht waren, so konnte doch ein Kunstdichter, dem sie viel näher lagen als der Volkspoesie, sie seinem Werke einverleiben, wenn die Volksdichtung selbst so bald darauf sie sich amalgamierte.

Niemand wird es Wunder nehmen, wenn der erste Theil, der des Unvolksthümlichen am meisten enthält, wenn der erfundene Schluß des Ganzen matt erscheint gegenüber der Größe und Herrlichkeit dessen, was in der Mitte liegt; denn ein auch noch so begabter Dichter (und das war der Dichter der Kudrun nach dem Urtheil Aller) vermöchte nichts Episches aus eigener Phantasie zu erfinden, was der Hoheit der uralten Volksüberlieferung gleichkommt, auf der gewissermaßen der Geist eines ganzen Volkes ruht. Die Verschiedenheit des Stofflichen ist es vorzugsweise, was uns den Eindruck einer verschiedenen poetischen Befähigung macht. Vom Stoffe abgesehen ist die Behandlung und Darstellung gleichmäßig genug, wenn man die Verschiedenheit der Quellen in Anschlag bringt: wo der Dichter im Ausdruck sich treuer an die ihm bekannten Volkslieder anschloß, da ist sein Stil wohl auch etwas abweichender geworden von seinem eigenen. Es kann uns nicht einfallen zu leugnen, daß die eine Strophe unbedeutender und matter sei als die andere; aber in welchem größeren Gedichte wird man nicht ähnliches finden? Man hat auf Widersprüche aufmerksam gemacht, und auch darin einen Beweis für die Thätigkeit mehrerer Dichter gefunden. Manches der Art ist richtig, vgl. Müllenhoff S. 23. 30. 34. 52; anderes kann nicht zugegeben werden. So was S. 17 über 834, 4 gesagt ist, weil es auf falscher Lesart *(riten* statt *rieten)* beruht. Ferner S. 38 über 1076, 3: hier werde von einem Schwur gesprochen, den die Helden Hilde abgelegt hätten, woran kein wahres Wort sei. War auch der Ausdruck *herverte swern* oder *herreise swern* nicht gebraucht, so halten die Helden doch Strophe 940 ff. ihre Bereitwilligkeit zu der Heerfahrt ausgesprochen und sie nur verschoben wissen wollen, bis die Kinder herangewachsen. Strophe 108 heißt es, Hagen und die drei Jungfrauen wanderten 24 Tage durch den Wald, bis sie eines Morgens ein Schiff erblickten. Da meint nun der Kritiker (S. 44), die Höhle habe ja dicht am Meere gelegen (88), mithin brauchten sie nicht 24 Tage zu wandern, um das Meer zu finden. Das letztere steht nicht im Texte: der Wald stieß an das Meer an, und so wandern sie an der Küste, aber doch im Walde, und konnten dabei immer das Meer im Auge haben, ohne früher als am 24. Tage ein Schiff zu erblicken. Auch ist es kein Widerspruch, wenn Sigebant auf einer *grêden* (26, 1) sitzt, und die Königin unter einem Zederbaume (26, 3) mit ihm spricht; beides lässt sich vereinigen. Die wirklichen Widersprüche aber könnten nur zum Beweise dienen, daß der Dichter verschiedene Quellen und Lieder benutzte, die in ihren Angaben nicht immer harmonierten.

Ich will noch einige Mängel der Beweisführung bemerken. Mitunter werden von dem Kritiker Sprünge in der Erzählung gemacht durch Weglassen einiger Strophen, die eben, wenn man sie nicht weglässt, das Sprungartige vermeiden, also das Naturgemäße bieten. So S. 9: 'von jener Schlußstrophe des ersten Abschnittes 275 bis zu dieser (289) springt die Erzählung also von der Abreise von Hegelingen auf die Ankunft in Irland über: es wird nicht erzählt, wie die Helden die Reise machten, was eben die verworfenen Strophen noch schildern wollten'. Die sonst gegen die verworfenen Strophen geltend gemachten Einwände sind nichtssagend; höchstens könnte der Zahlenunterschied zugegeben werden, indem Frute 248 siebenhundert Recken verlangt, und es 282, 2 dreitausend sind. Aber solche Verschiedenheit kann auf Rechnung des Schreibers kommen, der drîzic statt siben schrieb; das Zahlwort war vielleicht nur .VII. geschrieben. S. 11 wird Strophe 439 ausgeworfen mit der Bemerkung: 'die Erzählung macht einen Sprung von den Worten des Königs sogleich auf den andern Tag, wo er sein Versprechen erfüllte. Verschwiegen wird, daß die Helden an den Strand zurück kehren'. Diese Rückkehr erzählt eben die verworfene Strophe; aber warum der Sprung, warum das Verschweigen? Weil 439 'schon dem Tone nach unecht' ist; dieser Grund wird auch S. 34, 85 geltend gemacht. S. 15 lesen wir, mit 802 schließe das 'Lied', dessen Fortsetzung aber leicht gefordert werden konnte, 'denn wenn in diesem Liede auch alles sich um Kudrun dreht und sie ganz in der Mitte der Handlung steht, durch die Fortsetzung sie aus den Augen verschwinden und hinter den Kampf der um sie allerdings streitenden Helden zurücktreten mußte, so entstand doch leicht die Frage, wie nun die mit einem siegreichen Heere abwesenden Verwandten bei der Nachricht vom Geschehenen verfahren werden'. Als wenn dem Dichter nicht frei stände, eine Zeit lang seinen Helden außer Augen zu lassen, als wenn nicht schon der ursprüngliche Dichter gleich bei der Composition von diesem Rechte hätte Gebrauch machen können! Zwar hält Müllenhoff diese 'Fortsetzung' für ein Product des Dichters der echten Theile, aber für ein späteres; aber dies ist grundlos. S. 16 heißt es, 'es geschieht ein Sprung und man muß ergänzen, daß Hilde Boten aussendet'. Das wird in den verworfenen Strophen 803—813 erzählt. S. 31 werden die Strophen 1349 ff. verworfen: 'sie gehören dem ersten Überarbeiter, der wieder die Versetzung der Scene und die kleine Lücke zwischen zwei Absätzen verdecken wollte'. Solche Lücken und Sprünge werden angenommen, damit das Hastige und Springende des Volksliedes herauskomme (vgl. S. 78. 187).

Wie willkürlich und subjectiv die Gründe für Auswerfung der Strophen sind, habe ich schon dargethan. Hier noch einige weitere Belege. Von 1072 heißt es S. 22: '1072 ist ohne innern Reim und besser als die übrigen [1066—1074, die verworfen werden]; sie mag älter und in ihrer ersten Zeile dann auch Hilde genannt gewesen sein'. S. 65 'in der jüngern Strophe 1215 mit Mittelreimen antwortet Kudrun'. S. 63 'dann folgen ein paar Strophen mit innern Reimen, 1230. 1231'. Die Strophen, wo Ludwig ergrimmt Kudrun ins Wasser schleudert, werden S. 48 verworfen, mit der Bemerkung: 'Ludwig hat zu dieser Rohheit keinen Grund, seine Beziehung kommt darauf später vor.' Als wenn dies ein Grund wäre! Vgl. noch S. 48. 52. 61. 63. 66. 73.

74. 97. S. 33 ist alles in Ordnung und Übereinstimmung, was die vier Thore betrifft, aber es sollen einige Personen in dem Kampfe nicht vorkommen können, und daher müssen verschiedene Strophen ausfallen. Selbstgeschaffene Schwierigkeiten entstehen durch die Annahme, daß der Dichter nicht gleich beabsichtigt habe, die ganze Sage zu dichten, daß er nicht von vorne herein mit dem Plane begonnen (S. 13)*); vgl. S. 21 oben. S. 22. 25. 30. 32. So werden 'Ungleichheiten' in den von éinem Dichter herrührenden echten Theilen, 'wenn z. B. ein Held in einem Theile vorkam, im andern nicht', 'aus der Annahme einer successiven Entstehung der Lieder erklärt: die Composition war nicht von vorne herein entworfen' (S. 112). Kann es einen besseren Beweis für die Unhaltbarkeit der von den verschiedenen Kritikern gehandhabten Methoden geben, als die Verschiedenheit der Resultate, zu denen sie gelangt sind?

Wenn also die Annahme, daß ein oder mehrere jüngere Bearbeiter Theile hinzugedichtet hätten, abgewiesen werden muß, so ist doch die andere, daß das ganze Gedicht von einem Dichter formell überarbeitet worden sei, nicht zu verwerfen. Die Überarbeitung erstreckt sich, wenn nicht auch Endreime geglättet wurden (was 864, 2 der Fall ist), hauptsächlich auf die Einführung des Reimes in die Cäsur. Dazu mochte den Überarbeiter das Vorkommen derselben an dieser Stelle im ursprünglichen Gedichte, theils in genauer, theils in ungenauer Form, veranlassen und reizen. Er verfuhr also ganz ähnlich, wie der Dichter des jüngern Titurel, als er Wolframs Fragmente mit Inreimen versah, nur daß er sie nicht durchgängig und regelmäßig einführte. Aber auch dieser Überarbeiter darf nicht später als etwa höchstens 1215 gesetzt werden, dazu nöthigt uns das Alter der Handschrift, die dem Schreiber der uns erhaltenen vorlag, und die den überarbeiteten Text schon enthielt. Der Überarbeiter kann Wolframs Parzival gekannt und benutzt, manchen Ausdruck ihm entlehnt haben, wenngleich auch das umgekehrte denkbar ist, daß Wolfram, der die Kudrun kannte, manches aus ihr borgte**), was bei einem Dichter, der des Lesens unkundig war, mithin alles mit dem Gedächtnisse aufnehmen mußte, noch weniger Wunder nehmen kann als bei einem litterarisch gebildeten.

Undenkbar ist es, daß die oft durch Künstlichkeit des Ausdrucks gewaltsam erpressten Cäsurreime von dem Schreiber der uns erhaltenen

---

*) Das Entgegengesetzte behauptet Ploennies (S. 185), der im Wesentlichen von denselben Anschauungen wie M. ausgeht. Wem soll man glauben?
**) Vgl. Gervinus 1, 375.

Handschrift herrühren; denn die Einführung eines Reimes ist nicht möglich ohne Umgestaltung der betreffenden Halbzeile, und wenn auch der Umarbeiter nicht ganz das metrische Geschick des ursprünglichen Dichters besaß, so sind doch die so umgereimten Halbverse viel zu gut gebaut für einen Dichter ums Jahr 1500, der auch schwerlich so reine Reime gewählt haben würde, wie diese Cäsurreimees durchgängig sind.

Mit dem Schreiber der Ambraser Handschrift schließt die Geschichte unseres Gedichtes, wir sind damit zu dem Ausgangspunkte unserer kritischen Untersuchung zurückgekehrt. Es bleibt uns als letzter Theil derselben die Besprechung der einzelnen Stellen übrig, die sich kurz halten lässt, weil meist Punkte vorkommen, die in unserer Abhandlung erörtert sind. Vorher aber sei ein Wort über dasjenige bemerkt, was von anderen für die Reinigung des Textes geschehen ist.

IV.

Hagen, der in seinem und Primissers 'Helden-Buch in der Ursprache' (Berlin 1825) einen wortgetreuen Abdruck der Handschrift gab, hat theils im Texte, theils in den Anmerkungen eine ziemliche Anzahl von Stellen mit Sicherheit gebessert, zu andern mehr oder weniger haltbare Verbesserungsvorschläge gemacht, namentlich durch Herbeiziehung des Nibelungenliedes, dessen Parallelstellen den Lesarten beigefügt sind.

Den ersten Versuch, das Gedicht in den mhd. Sprachformen des 13. Jahrhunderts zu geben, wagte Adolf Ziemann (Quedlinburg 1835). Auch er hat manches im Texte gebessert, aber mehr noch verschlechtert, theils durch sprachliche Unkenntniss, theils durch gänzliches Verkennen des strophischen Baues, indem er der letzten Halbzeile nur vier statt fünf Hebungen gab.

Karl August Hahn in seiner Recension von Ziemanns Ausgabe (Hallische allgemeine Litteraturzeitung 1837, Ergänzungsblatt n. 12, S. 20) trug zur Berichtigung durch sprachliche und kritische Bemerkungen ebenfalls einiges bei.

Wilhelm Grimm, der in Berlin Vorlesungen über Kudrun hielt, und mit einer Ausgabe des Gedichtes umgieng, hat von den durch ihn gemachten Textbesserungen nichts veröffentlicht; nur in Müllenhoffs Ausgabe stehen einige von ihm herrührende Emendationen. Ich besitze ein Exemplar der Vollmerschen Ausgabe, in welches ein Zuhörer Grimms Verbesserungen eingetragen hat. Sie reichen leider nur bis zur 4. Aventiure. Es sind folgende: *ze grôzer nôt* 5, 2. *des muost man von dem wilden walde holz dar tragen* 38, 2. *in den kemenâten, unz daz dem künige rîche* 39, 3. *zierte ouch vil monegen mit gewande* 40, 4. *von borten und gesteine* 41, 3. Die Tilgung des Punktes nach *êren* 45, 4; von *dâ* 49, 1. *habte* 70, 4. *rât der liute* 88, 1. *was ein* statt *wâren* 88, 2. Tilgung des Punktes nach *gezogen* 92, 1. *zwelver* 106, 1. Die Tilgung von *mit in* 114, 2. *von ungewonheite was den kinden wê* 116, 2. *ûz* statt von 116, 4. *wer si rehte schœne brâhte* 117, 3. *ir* getilgt 118, 2. *diu jungeste drunder* 120, 1. *beide* getilgt 125, 4. *daz sie iu tœten leides* 131, 2. *mir* statt *mich* 146, 2. *den vil schœnen kinden* 149, 3. Mehreres war schon vorher gebessert, viele der hier aufgeführten habe ich aufgenommen, andere nicht. Den Namen Grimms habe ich nicht beigefügt, weil ich keine absolute Sicherheit hatte, daß sie von ihm herrührten.

Ludwig Ettmüller machte in seiner Ausgabe (Zürich 1841) den ersten Versuch, die späteren Zusätze von dem ursprünglichen zu scheiden. Diese Seite seiner Kritik berührt uns hier nicht; dem Texte ist manche Besserung auch durch ihn zu Theil geworden.

Karl Müllenhoff in seiner Ausgabe (Kiel 1845) gab nur die von ihm als echt erkannten Strophen, von 1705 nur 414, daher er auch nur an diesen seine Textkritik versucht hat. Sie hat mir nur wenig Brauchbares geboten, und auch dies Wenige ist nicht von Bedeutung; sprachliche grobe Verstöße, wie *teten* statt *tâten* 722, 2. 1032, 4; *teter* statt *tœter* (conj.) 753, 4. *schwachez* statt *swachez* 1268, 3. *bevilhen* statt *berelhen*, Anm. zu 905, 3 zeigen den Standpunkt der Kenntnisse, auf welchem der Kritiker sich befand.

Gleichzeitig mit der ebengenannten erschien die Ausgabe Vollmers (Leipzig 1845), die den ganzen Text enthält. Von allen Herausgebern hat sich Vollmer am meisten um die Kritik des Textes verdient gemacht; eine große Anzahl seiner Verbesserungen haben wir aufgenommen, er hat manche Eigenthümlichkeiten des Gedichtes und der Handschrift, so die häufigen Reime *e : en* (wenn auch nicht an allen Stellen), die Vertauschung von *mit* und *in*, von *weidelich* und *wœtlich*, u. a. m. zuerst erkannt. Seine Ausgabe daher als 'ein Seitenstück zu seinen Nibelungen' (Zeitschrift 5, 504) zu bezeichnen, ist ungerecht; bei den Nibelungen ist das, was er Eigenes zur Verbesserung des Textes gethan, gleich Null, bei der Kudrun hat er vieles glücklich gebessert.

Haupt hat an verschiedenen Stellen seiner Zeitschrift (2, 380. 3, 186. 5, 504) zur Textverbesserung der Kudrun beigetragen. Ein großer Theil seiner Vorschläge muß als wirklicher Gewinn für den Text bezeichnet werden, andere sind mindestens unsicher (648, 4. 957, 4. 1377, 2), andere falsch, wie 1273, 3.

Wilhelm von Ploennies in seiner von einer Übersetzung, kritischen Untersuchungen und einer Darstellung der mhd. epischen Verskunst (letztere von Max Rieger) begleiteten Ausgabe (Leipzig 1853) schließt sich in den mit Müllenhoff' übereinstimmenden Strophen an den Text derselben fast immer an, im Übrigen entnimmt er den frühern Herausgebern, namentlich Vollmer, manche Besserung; eigene Emendationen, die wirklich als solche bezeichnet werden können, sind nur wenige, doch habe ich ein paarmal von denselben Gebrauch gemacht.

Noch bleibt zu erwähnen, daß Franz Gärtner auf Pfeiffers Veranlassung die Handschrift auf's Neue mit Hagens Abdruck verglich und das Resultat in der Germania 4, 106—108 (1859) mittheilte. Bedeutendes ergab die Collation nicht; das Wenige habe ich Germania 7, 270 fg. besprochen.

Ich gehe der Reihenfolge der Strophen nach, indem ich die von andern gemachten Verbesserungen, die ich aufgenommen, durch den Anfangsbuchstaben bezeichne. Sollte es mir begegnet sein, daß ich einem Herausgeber unrichtig die Emendation eines andern beigelegt hätte, so bitte ich im Voraus um Entschuldigung.

3, 4. *diu baz*] die Hs. *dester bas*, die Herausgeber *deste baz*.

4, 2. *er kunde* ziehen die Herausgeber zur zweiten Halbzeile und schreiben *er kunde al des genuoc* (Vollmer), *er kund alles* (Ziemann, Ettmüller); Ziemann ergänzt vor *heldes*, um die Halbzeile vollständig zu machen, *ganzer*.

4, 4. die Herausgeber mit der Hs. *deheine zît sich*.

5, 2. *in grôzer nôt* die Hs. und die Ausgaben. — 5, 4. *aller tage tägelîchen* Hs., von Vollmer gebessert. Ettmüller streicht *grôzen* und behält *tage* bei.

7, 3. alle Ausgaben ziehen diese Zeile zu dem vorhergehenden Satze.

8, 2. *sêre*, von Ettmüller mit Recht gestrichen. — 8, 3. *im* fehlt in der Hs. und den Ausgaben.

9, 4. *mit im* die Hs., von Ettmüller gebessert.

10, 1. *ir*, Besserung Haupts. — 10, 3. *begunden ze eylen* Hs., Ettmüller und Vollmer *h. zuo îlen;* *ze* steht wie oft in jungen Handschriften beim Infinitiv nach *beginnen*. — 10, 4. *vierdhalben meylen* Hs., von Vollmer gebessert.

11, 2. *baide plûmen* Hs., von Vollmer gebessert. — 11, 4. *aller hande vogelin* Hs. und Ettmüller; Ziemann streicht *ouch* und stellt um *aller hande vogellîn in dem walde*. Vollmer schreibt *diu* statt *aller hande*.

In der Vorlage wird gestanden haben *aller vogelin*, statt *alliu*, was beibehalten werden könnte, wenn man hinüberzieht *in dem wald al- liu vogelin* (vgl. S. 67); aber da die Hss. oft *vogelin* statt *vogele* setzen, wie z. B. die Liederhandschriften, so habe ich *alle vogele* vorgezogen. Der Schreiber las *aller* statt *allev* und schob *hande* ein. — am besten Hs. und die Ausgaben.

12, 2. *soumære*, Besserung Vollmers. — *rîch gewæte*, von Ziemann ergänzt. — 12, 4. *tausent hey ir* Hs., von Ziemann umgestellt. Vollmer schreibt unnöthig *giengen*. Ettmüller fasst *der gienc tûsent* als Halbzeile.

13, 4. *daz der junge künic vil wol* Hs., Ziemann streicht *künic*, lässt aber *vil* stehen, Ettmüller tilgt *vil*, Vollmer *junge*. Bei zweisilbigem Auftakte kann die hs. Lesart bleiben.

14, 2. *der* Vollmer] *es* die Hs. — *nu* Hagen] *vn* hs.

15, 3. *hüeve* Haupt] *hûeffen* Hs., *hûffen* Ziemann und Ettmüller.

17, 2. *solte* Vollmer] *solten* Hs. — 17, 3. *dem* fehlt Hs. und Ausgaben. — *solte* Vollmer] *solten* Hs. — 17, 4. *lône* Vollmer und Hs.; *ame helde mit michelme lône* Ettmüller und Ziemann.

18, 4. *ze künege* schreibt Vollmer statt des überlieferten *ze kunde; ze künde werden* ist ganz dieselbe Ausdrucksweise wie *ze schîne werden* 787, 4.

19, 3. *und* fehlt, von Ziemann ergänzt.

21, 3. *drîzic künige laut* ziehen alle Herausgeber als vorausgestelltes Object zu dem folgenden Satze mit *ob*. Nur Ziemann macht es von *gewaltic* abhängig und schreibt *lande*, und darum in der folgenden Zeile *si gar mit ir hande*.

22, 3. *dô* fehlt Hs. und Ausgaben.

23, 1. *und vil* Hs., von Ettmüller gebessert.

24, 1. *was es* Hs., von Ettmüller gebessert.

25, 2. *vil* fehlt Hs.. Vollmer schreibt *diu mohte ez bekennen*, Z. und E. *der ez mohte bekennen*. — *beschach* Hs. und Ausgaben. — 25, 3. *begerte* Hs.; von V. gebessert. — 25, 4. *wart*, an der richtigen Stelle von Z. ergänzt. — *vil* fehlt Hs., Z. ergänzt *al* vor *sin*.

27, 3. *dar umb sô ist* Hs. und Ausgaben. — 27, 4. *liehten* Ettm.] fehlt Hs.

28, 1. *sol* Hs.] *solde* Ziemann. — 28, 4. *den* fehlt Hs.; Ziemann ergänzt *wan* vor *durch*.

30, 4. *noch nie* Hs., von E. berichtigt.

31, 1. *Si sprach: ein künic sô richer der solt dicker sehen* Hs., Hagen ergänzte *ez* nach *solde*, was Z. und E. annahmen. Vollmer schreibt *Einen künic sô rîchen den solt man dicker sehen*. Meine Lesart beruht auf 44, 2. — 31, 3. *er solte mit sinen* die Ausgaben und Hs. — *ofte* Ausgaben und Hs. — 31, 4. *mite* nach *dâ* die Hs. und Ausgaben. 32, 1. *ein* fehlt Hs. und Ausgaben. — 33, 2. *vliziclîcher* Hs., von Vollmer gebessert. — 33, 4. *leichter* Hs., von Z. gebessert. — *edeler fürsten site noch*] nach *edler fürsten site* Hs. und Ausgaben. Ettm. ergänzt *ie* vor *nâch*. Umgekehrt steht *nach* fehlerhaft für *noch* Nib. 6478. 34, 1. *nâch edelen fürsten* Hs.; *edelen* von Vollmer gestrichen. Offenbar irrte der Schreiber in die vorhergehende Zeile hinüber. 34, 2. *bieten* die Ausg. und die Hs.: allerdings grammatisch richtig. Meine Lesart beruht auf dem mhd. Gebrauche, nach einem durch *suln* umschriebenen Imperativ den wirklichen folgen zu lassen. Vgl. 1026, 3. 4 und zu Strickers Karl 5262. — 34, 3. *den* Hs., von Z. ergänzt. 35, 2. *wie* Hs. und Z. E., von Vollmer gebessert. — 35, 4. *min* ist nicht Verkürzung von *mîne*, wie V. schreibt, sondern Genetiv. 37, 1. *Der lobte* Hs.; Z. *Dêr* für *daz er*, abhängig gemacht von *tæte;* Z. und V. *Dô lobet er.* Der Sinn ist: 'als er das Fest beschlossen hatte.'

38, 2. *das mûste man von dem wilden wald dar tragen* Hs.; Z. stellt um *daz man dar v. d. w. w. muoste tragen.* E. *des muoste manic vende den wilden walt dar tragen.* V. wie die Hs., nur *des muost man.* Aus dem nicht verstandenen *wite* wurde *wilde;* ich lese daher *des muost man von dem walde wite dar tragen.*

39, 3. *ûzer Îrrîche,* mit *dem künige* zu verbinden, dem Könige von Irland. Die Hs. hat *aus reiche.* Die Herausgeber, denen *aus* nicht vorlag, versuchen auf verschiedene Weise die fehlende Halbzeile zu ergänzen, vgl. Germania 7, 270. — 39, 4. *komen dann ze hofe* Hs., von Z. gebessert.

40, 4. *zieret ir ouch*] *ir* fehlt Hs. und Z. E.; Vollmer schreibt *vil vrowen.*

41, 2. *vil der meide*] *vil den maiden* Hs. und Ausgaben. — 41, 3. *gesteine*] *von gesteins* Hs. und Ausgaben. — *vil manigen*] *vnd manigen* Hs. und Ausgaben.

42, 1. *es*] *sin* Ausgaben und Hs. — 42, 2. *knappen*] *knaben* Hs. und Ausgaben, *knaben* statt *knappen* auch 695, 2 wo der Vers *knappen* verlangt, und Nib. 5760. — 42, 4. *harte lobeliche; harte* fehlt Hs. und Ausgaben.

43, 2. *wart dâ* Ziemann] *ward,* und *da* vor *vil* Hs. — *schiere* Hagen] fehlt Hs. und den andern Ausgaben. — *helm* Ettm.] fehlt Hs.

44, 4. *wande*] *vnd* Hs.; V. schreibt *wan si saz sô nâhen.* — *mit den frouwen* V.] fehlt Hs.

45, 1 *als*] *als ez* Ausgaben und Hs. — 45, 4. *nâch vil grôzen êren* ziehen alle Herausgeber zum vorhergehenden Satze. *nâch* ist aber hier nicht *post*, sondern es heißt 'gemäß, entsprechend'.

46, 4. *der frouwen*] *der* Hs., *diu* Ausgaben.

47, 3. *sîner hôchzîte*] *sînen hôchzîten* Ausgaben und Hs., um den Reim zu glätten. — 47, 4. *âbunde*] *abents* Hs., *âbendes* E. und V., *âbendes zîte* Ziemann.

48, 1. *hôchgezît*] *hôchzît* Ausg. und Hs., Z. E. ergänzen *dô* vor *werte*. Wie hier die Form *hôchgezît* durch den Vers verlangt wird und wahrscheinlich auch anderwärts zu setzen ist (66, 4. 548, 4), so ist die zweisilbige Form durch 187, 1 und noch mehr 1687, 1 daneben erwiesen. — 48, 2. *fuoren*, Hs. und Z. E., von V. gebessert. — 48, 4. *wande sis*] *wan si sîn* E. und IIs., *wan sis* Z. *si waene sîn* Vollmer.

48, 4. *wande sis*] *wan si sîn* E. und Hs., *wan sis* Z. *si wœne sîn* Vollmer.

49, 1. *man*] *man dô* Hs. und Ausgaben (*da*). — 49, 3. von Hagen gebessert.

50, 3. *hebent sich*] *erhebent sich* Hs. und Ausgaben.

52, 1. *Dar*] *Da* Hs., *Dô* Ausgaben. — 52, 4. *die* Vollmer] fehlt Hs.

53, 2. *daz liut begunde*] *die liute begunden* Ausgaben und Hs. — 53, 4. *der*] *die* Hs. und Z. V.; Ettm. *und die jungen meide*. — *und des kindelînes*] *daz si daz kindel* Z. V. und Hs.; *daz sî daz edele kindel* E.

54, 2. *grôziu*] *grosser* Hs., *grôzez* Ausgaben.

55, 3. fasst Vollmer mit Unrecht als Parenthese; *daz* und *dâ bî* entsprechen sich.

56, 1. *Er*] *Ez* Ausgaben und Hs.; *schatewen* ist aber sonst in der Bedeutung 'schattig werden' nicht zu belegen. — *in truoc*; *in* steht in der Hs. und den Ausgaben nach *dar*. — 56, 4. *dâ* ergänzt Ettm. unnöthig.

58, 2. *in die*] *in* IIs. und Ausgaben. — 58, 4. *sît* Hagen] *sy* Hs. — *helde*] *die helde* IIs. und Ausgaben. — *küene* Vollmer] *schone* Hs.

59, 4. *ûzer Îrlande*] *aus Eyrlant* Hs., *dâ ûz Îrlande* Z. E., *dâ ûz Irlant* V., der *dô* vor *beweinen* streicht.

60, 1. *frieschen dise nôt*] *griffen dise leide nôt* Ausgaben und Hs. Der Sinn muß sein 'sie vernahmen das geschehene Unglück', denn davon war noch nichts gesagt. Das führt auf *frieschen*, das auch sonst (667, 4) in der Handschrift entstellt wird (vgl. S. 45). — 60, 4. *wœtlîchen*] *werden* Hs. und Z. E. Vollmer schreibt *des edelen kindes werden lîp*. Die Vorlage hatte wohl den Schreibfehler *wertlichen* statt *wetlichen*, und daraus wurde *werden*. Nib. 140 Hagen schreibt die Wiener Hs. *werlich* statt *wœtlich*. Sonst ist *wœtlich* in *weidelich* entstellt.

62, 3. *læg al daz liut tôt*] *dus laute lage alles todt* Hs.; E. *daz kint;* V. *læge allez tôt*, indem er *das laute* als Glosse von *die klage* betrachtet; eher könnte man das umgekehrte erwarten. *dem lauten* steht auch Nib. 3860 statt *des liutes*. Meine Änderung ist nur eine der häufigen Umstellungen, die nothwendig sind. *al*, vor dem Artikel unflectiert, wird in der Hs. gewöhnlich in flectierter Form geschrieben; ebenso in den Nibel. 757. 1095. 2400. 3915. 4168. 4348. 4437.

64, 1. 2. *sie begunden sagen hôhe danken alle*] *sy beg. alle sagen hohe ze danncken* Hs.; ebenso Z. E., nur *hôhe ir ze*, und V. der *hôhez danken* liest. *ze* steht wieder nach *begunden* in jüngerer Weise, hier doppelt fehlerhaft, weil *danken* substnnt. Infinitiv ist, abhängig von *sagen;* zu *danken* gehört das Adverb. *hôhe*, das auch beim subst. Gebrauch des Infin. stehen darf.

67, 3. nach Vollmer: *das edel kind ward dunne trait* Hs., *daz edel kint danwert treit* Z. und E. — 67, 4. *herzeleit*] *leit* Ausg. und IIs., denn *ümbe éz* ist kaum zu zwei Hebungen ausreichend.

69, 1. *Alsô*, 'sobald'] *als* Hs. und Ausgaben. — 69, 3. *ez ir*] *es* Hs.; *ez der* Z. E. — 69, 4. *harte verre*] *verren* Hs. und Ausgaben; vgl. 70, 4.

70, 4. *habt*] *het* IIs. und Ausgaben; Ettm. *truoc*.

71, 2. *ze* Hagen] fehlt Hs. — *trouc*] *betrouc* Ausgaben und IIs. — 71, 3. *einen ast*] *einem aste* Hs. und Ausgaben.

72, 2. *barc*] *verbarc* Ausgaben und Hs.

73, 1. *mac man wol*] *mac man* Ausg. und Hs.

74, 3. *dâ beliben solde*] *sol beleiben da* Hs.; *solte beliben dâ* Ausgaben. — 74, 4. *vant* Ettm.] *vnd* Hs. — *holn steine*: *holn* fehlt IIs. und Ausgaben; vgl. 84, 4.

77, 4. *uns ist hie* Vollmer] *vnd ist vnns hie* Hs. — *græzlichen*] *griulíchen* Ausgaben und Hs.; der Sinn des Wortes soll offenbar nur 'sehr' sein, und das kann *griulîchen* nicht bedeuten.

78, 4. *hie niht* Vollmer] *niht hie* Hs.

79, 4. *harte sêre* fehlt IIs.; Z. E. ergänzen *dannoch*; V. *gên den vrouwen*.

80, 1. *enbîzens*] *ein imbiz* IIs. und Ausgaben. — 80, 2. nach Vollmer: *iwer trinken und iwer brôt* E. Z. und IIs. — 80, 4. *wann mich trûg* Hs.; ich habe *wande mich* geschrieben, und *truoc* an den Beginn der zweiten Halbzeile gesetzt, wodurch diese fünf Hebungen erhält.

82, 3. *des si dâ lebeten* Ausgaben und IIs., zu kurz; ich lese *al des sie*. — 82, 4. *die im diu juncfrowe truoc*: man sieht keinen Grund zu dem Singularis, während 1. 2. der Pluralis. Eine einzelne unter den dreien ist nicht bezeichnet; nichts berechtigt, daß die 82 sprechende hier gemeint ist. Ich glaube, der Fehler liegt schon im vorher-

gehenden Verse. Der Schreiber schrieb *genuoc* statt *genüege*, und änderte darum auch die folgende Zeile. Es ist zu lesen: *des brâhtens im genüege. ez was ein fremede spîse, die im wæn die juncfrouwen trüegen.*
83, 1. *die kreuter die* Hs.; die Herausgeber schreiben *diu kriuter* und streichen das zweite *diu*, statt des einfachen und naheliegenden *diu krût diu.*
84, 1. *hetten sy sich in huet* Hs.; Z. und V. *heten sî sîn huote;* das Richtige hat Ettm. *ouch heten sin in huote.*
85, 1. *welhen enden*] *welhem ende* Hs. und Ausgaben; die Vorlage aber hatte den Pluralis, und darum setzte in der 2. Zeile der Schreiber *den stainwenden* statt des richtigen *der steinwende*, um den Reim zu glätten. Die *steinwant* ist die Höhle, vgl. 4.
86, 4. nur *des frage vil sorgen gewan*; verschieden ergänzt, Z. *des fråget der junge Hagene : dâ von er sorgen vil gewan*, V. an Hagens Vorschlag sich anlehnend, *des der junge H. dâ der sorgen vil gewan*, E. *des manic schœniu frouwe von frâge vil sorgen gewan*, wo es, damit der Vers richtig würde, heißen müßte *sorgen vil*. Im Übrigen scheint mir die letzte Ergänzung die geeignetste; ich lese *des manic wîp von frâge vil der sorgen gewan.*
87, 3. *ûf* von Z. ergänzt, was von E. und V. mit Unrecht verworfen wurde. — 87, 4. *nâchbûrn gelâzen* Z. E. und Hs., *nâchbûren lâzen* V.; aber *nâchbûre* wird der Dichter schwerlich gesagt haben, sondern *nâchgebûre*, wie 650. 728 steht.
88, 1. *rât der liute*] noch *der liute* Z. V. und Hs., *niht der liute* E. — 88, 2. *daz was ein*] *daz wâren* Ausgaben und Hs. — 88, 4. *stade* Vollmer] *gestade* Z. E. und Hs.
89, 4. *bî der sîten*] *der sîten* Z. V. und Hs., *dâ der sîten* E.
90, 4. *der küene Hagene*] *er küene* Hs., *der küene* E. V., *der vil küene* Z.
93, 3. *in Hagen:* fehlt Hs. — *an ainem paine* Hs.; man müßte *ein* schreiben, was nicht ohne Bedenken ist. V. setzt *in* nach der Cäsur, wogegen die Wortstellung streitet. *an ainem* ist aus *aneme* entstanden, wofür sich zahlreiche Belege anführen ließen. — 93, 4. *sînen lîp*] *in* Hs. und Ausgaben. *in* stand vielleicht als Erklärung am Rande, kam in den Text und verdrängte die ursprüngliche Lesart.
95, 3. *iuch erschînen* E. und Z., was mir auch am meisten zusagen würde, wenn *erschînen* mit Accus. sicher belegt wäre. — 95, 4. *etelîcher freuden wil*] *wil etelîcher freuden* Ausgaben und Hs.
96, 1. *enphiengenn*] *enphiengen* Hs., *enphiengen in* Ausgaben. — 96, 4. *nâch ir willen* Z.] fehlt Hs.

97, 1. *im* E.] *in* Hs. — 97, 4. *râmte swes er gerte*, er zielte worauf er Lust hatte; die Hs. und Ausgaben *lernte* für *râmte*. — *nar*] *nôt* Ausgaben und Hs.

99, 2 *ie* V.] *hie* Hs. — 99, 3. *iht* E.] *nicht* Hs.

102, 1. *mit* V.] *in* Hs. — 102, 4. *in* V.] *es* Hs.

103, 1. *dâ ze tôde*] *ze tôde* Hs. und E. V.; *ze tôde dâ* Z. — 103, 2. Die Umstellung mit Z. und V.

105, 4. *ieclîchiu*] *etelîchiu* Ausgaben und Hs. — *dâ heime* fehlt Hs. und Ausg.; E. ergänzt *iemer*.

109, 3. *bî in*] *bî im dâ* Z. und Hs., *bî in dâ* E., *in dâ* V. — 109, 4. *stade* V.] *gstade* Hs. Z. und E.

110, 3. *was*] *was er* Hs., *was et* Z. und E. — *dâ her von Îrlande*] *dâ het von Eyrlant* Hs., *dô hete von Îrlant* Ausgaben. — 110, 4. *bekande*] *bekant* Hs. und Ausgaben. Die verkürzte Form *pilgrîne*, deren letzte beide Silben in die Senkung fielen, ist nicht glaublich.

111, 4. *erbaldet*] *erkaltet* Hs. und Ausgaben. Sie verloren die Furcht (109, 4), indem sie aus seiner Anrufung entnahmen, daß er ein Christ wäre.

112, 4. *nie niht*] *nie* Hs. und Ausgaben. E. zieht *zîten* zur zweiten Vershälfte.

113, 3. *den schœnen*] *schœnen* Ausgaben und Hs.

114, 2. *fuorten*] *mit in fuorten* Hs. und E. V., *fuorten | mit in* Z.

116, 1. *ungewonheite* V.] *ungewonheit* E. und Hs. Z. schreibt *der ungewonheite was*, dann müßte es wohl heißen *von ungewonheite*. Aber die Nebenform in *heite* (ahd. *heiti*) sind wir ebenso anzunehmen berechtigt, wie *arebeite* (ahd. *arabeiti*) und ähnliches. — 116, 4. *ûz*] *von* Hs. und Ausgaben. — *in allen*] *in* Hs. und Ausgabe.

117, 2. *ûz Garadîe* fehlt Hs.; die Ausgaben *von G*. — 117, 3. *wo heer sy recht schône bracht* Hs., *wanne s. r. s. b. waern* Z. und ebenso E., nur *wannen*. V. *wâ her sô r. s. si wæren brâht*. Ich lese *wer sie sô rehte schœne brœhte; sô* ausgefallen, vgl. oben S. 54. Ebenso liest M. (S. 46), aber ohne *sô*. — 117, 4. *arebeite*] *arbeit* Hs. und Ausgaben; auch der Infin. *arebeiten* wäre ebensogut.

118, 2. *wizzet*] *wizzet ir* Ausgaben und Hs.; die Verkürzung *wizt* hat keine Analogie, auch steht in dieser Formel immer nur *wizzet*. — 118, 3. *dâ Hagen*] *der da* Hs. — 118, 4. nach *vater : da erlaite*, Z. E. *dô erleiter*, von V. mit Recht gestrichen. — *mêre*] *mêr* Hs. und Ausgaben.

119, 4. *hiez er beide* fehlt Hs., *hiez er* V., *was er* Z., *rîchsete er* E.

120, 1. *drunder*] *vnnder den* Hs., *under in* Z., *under den meiden* E. V. — 120, 4. *ich doch*] *ich* Hs. und Ausgaben; der Ausfall erklärt sich durch den gleichen Auslaut der beiden einsilbigen Worte.

121, 2. *beliben wolde*] *wolte beliben* Ausgaben und Hs.
122, 4. *sêr vil*] *dâ vil* E. Z., *vil* V., fehlt Hs. — *mêre* fehlt Hs., von Z. ergänzt.
124, 3. *der hiez* Z.] *hiez* E. V. Hs. — 124, 4. die zweite Halbzeile um eine Hebung zu kurz, denn *gewésen vîl* darf man nicht lesen. Daher *gewesen hie vil*.
125, 3. *Hagene* Vollmer] fehlt Hs. und Z. E.
126, 2. *geringet sî*] *si geringet* Hs. Die Ausgaben weichen unnöthig weiter ab. *diu nôt* steht auch in der Hs. in der Cäsur. — 126, 4. *harte*] *vil* V., fehlt Hs. und Z. E.
127, 2. *man unde wîp*] beide *man* und *wîp* Ausgaben und Hs., vgl. 11, 2.
128, 2. *unmâzen*] *unmœzliche* V. und Hs., *unmœzlich* Z. E. — 128, 3. *den* Ettm.] fehlt Hs. und Z. V.
129, 4. *haben mir* Z. V.] *mir haben* Hs. und E.
130, 4. *in ainem herten sturm* Hs., um eine Hebung zu lang; E. und V. streichen *herten*, ich glaube mit Unrecht. Es stand *in einer herte*, das Wort verstand der Schreiber nicht, sah es als adj. an und fügte *sturm* bei.
131, 2. *getân hânt* Ausgaben und Hs. Der übelklingende und harte Ausgang, der wohl dem Schreiber zufällt, wird durch *getâten* beseitigt. — 131, 4. *genendicliche*, vertrauensvoll; die Hs. *genedielich*, die Ausg. *genœdicliche*. Das Adj. ist auch an andern Stellen vom Schreiber entstellt; vgl. 725, 4. *zuo den mînen kunden*] *zuo mînen künnen* Z. E. und Hs., *zuo dem mînen künne* V., richtig in sprachlicher, aber nicht in metrischer Hinsicht. — *erbiten* Z.] *arbaiten* Hs.
132, 2. *sîn*] *sint* Hs. und Ausgaben; der Sinn verlangt den Conjunctiv. — 132, 4. *beide* vor *schade* fehlt Hs. und Ausgaben.
134, 1. *Ir muotet* Hs. und Ausgaben. Die Hs. schreibt sehr oft falsche Initialen; vielleicht daß sie in der Originalhs. nur vom Rubricator mit kleiner Schrift bezeichnet waren. Er schrieb *Ir* für *Er*; er redet jetzt nicht den Grafen, sondern die Schiffsleute an. Die Veränderung zog andere in der zweiten Vershälfte nach sich; *ewr gesinde* ist vielleicht nur verlesen aus *in gesinde* (= *iu g.*), denn *ewr* steht auch sonst für *iu;* vgl. auch zu 147, 4. die ganze Zeile lautet daher *Er muotet mînen frouwen sîn ingesinde wesen;* er muthet ihnen zu, sein Gesinde zu sein. — 134, 2. nach Vorstehendem ist auch Haupts Änderung *âne dîne helfe* entbehrlich. — 134, 4. *wendet* V.] *keeret vmb* Hs., *wendet umb* Z. E. Die zweite Vershälfte nach Z. und V.

135, 2. *in* E.] *im* Hs. — *kômen sie in nôt*] *kâmens in grôze nôt* die Ausg. nach der Hs., aber unmetrisch. Vgl. 85, 2.
136, 1. *hœtenz* V.] *heten si* E. Z. und IIs.
137, 4. *gemeine*] *algemeine* Hs. und Ausgaben; die Verkürzung *vorhin in* ist in der Kudrun undenkbar. — *in sâhen*] *sâhen in* Hs. und Ausgaben.
138, 3. *dem* E.] *der* Hs.
139, 2. *von nœten* von V. mit Recht gestrichen. — 139, 4. *dô* vor *Hagene* fehlt Hs. und Ausgaben.
140, 1. *wœtliche* statt des hs. *waydeliche*, das Z. E. behalten, hat V. geschrieben; vgl. seine Bemerkung zu 140, 1. — 140, 3. *dar boten* Z.] *boten dar* E. und Hs.
141, 1. *gerne* mit V. gestrichen. — 141, 3. *diu* von Z. ergänzt; *dêr* zu schreiben ist unnöthig.
142, 2. *saget daz dem*] *saget dem* Hs., *saget deme* E. V., *saget et dem* Z.
143, 3. *danne welle haben* V.] *dann haben welle* Hs., *haben welle danne* Z. E. — 143, 4. *der mîner*] *mîner* Ausg. und Hs.
145, 1. nach Haupts Besserung. — 145, 2. *ir einer*] *ainer* Hs. und Ausgaben. — 145, 3. 4. nach Ettmüller gebessert.
146, 1. *âne nôt*] *mich on not* IIs., *mich âne nôt* die Ausgaben, unmetrischer als selbst die Hs.
147, 4. *ir sîn*] *irs euch* Hs., *irs iu* die Ausgaben. Der Schreiber las *irsin* als *irsiu*.
149, 2. *râte*] *rât dir* Hs. und Ausgaben. — 149, 3. *den vil*] *dînen vil* Z. E. und IIs., *dinen* V. Derselbe Fehler 687, 3. 1622, 3.
150, 3. *Sigebant* Z.] *Hagene* Hs.
151, 2. *her Hagene*] *Hagene* IIs. und Ausgaben. — 151, 3. *tœte*] *kunt tœte* IIs. und Ausgaben.
152, 1. die Herausgeber weichen von der richtigen hs. Lesart ab.
155, 1. *dar nâher*] *nâher* IIs. und Ausgaben. — 155, 3. *der vil* V.] *vil der* IIs.
156, 3. *wol gezam*] *gezam wol* IIs. und Ausgaben. — 156, 4. *ringet*] *ringert* Hs. und Ausgaben. Ebenso Nib. 4041 *ringern* für *ringen*. — *künic*] *küniges* Hs. und Ausg.
157, 3. *mit* V.] *in* Hs.
158, 2. *al die*] *die* IIs. und Ausgaben; ich glaube, daß *al* hier nicht fehlen darf.
161, 4. *iemen daz* V.] *das yemand* IIs.
162. Die Umstellung der Strophen nach Vollmer. — *man dô* Z.] *do man* Hs.

164, 3. *solde*] *solten* Hs. und Ausgaben.

165, 1. *helde*] *helden* Hs. und Ausgaben. — 165, 2. *vor* V. richtig statt des hs. *von*, aber unrichtig von *helde* getrennt. — 165, 3. *müeste*] *muesset* Hs., *muoste* Ausgaben. — 165, 4. *möhte wol* V.] *wol mochte* Hs.

167, 3. *lebendes* V.] *lebentigs* Hs. — 167, 4. *er wæn* V.] *wann er* Hs., *wæn er* E.

168, 3. *allen rîchen* V.] *allem reiche* Hs. — 168, 4. *urborte* Haupt] *erpot* Hs.

169, 3. *al der* E.] *aller* Hs. — 169, 4. *harte* V.] *vil hart* Hs.

170, 4. *ûzer*] *aus* Hs. und Ausgaben. — *allen landen* V.] *allem lande* Hs. — *für si*, Besserung Ettmüllers.

171, 3. *ie vier* V.] *ye für vier* Hs.

173, 2. *und*, von Z. ergänzt. — 173, 4. *bruofte*] *beraitet* Hs., was schon wegen desselben Wortes in der vorhergehenden Zeile nicht wahrscheinlich ist.

174, 1. *duo*] *die* Hs., von Haupt in *dô* gebessert.

175, 1. *wâfen*] *ir wappen* Hs. und Ausg. *wâfen nemen*, wie *swert nemen* wird ohne nähere Bezeichnung gesagt. — 175, 3. *die dâ* V.] *da die* Hs.

176, 3. *diu*, Besserung Hagens. — 176, 4. *ir ir* E.] *ir* Hs.

177, 4. *lützel*] *wenig* Hs. und Ausgaben, und so habe ich öfter *lützel* statt *wênic, dicke* statt *ofte* geschrieben, weil beim Nib. dieselben Wörter in *d* durch die jüngern ersetzt werden.

179, 1. *kristenlîchen* V.] *sittlichen* Hs. — 179, 2. *lenger* statt *langer* die Hs. und Ausgaben durchgängig. — 179, 4. die letzte Halbzeile wäre lang genug, wenn man läse *sách man dâ vón*, aber ebenso nahe liegt *sach mán dâ vón*, daher habe ich *sach mán getríben dâ vón* geschrieben.

180, 2. *verzert er*] *er verzerte* Hs. und Ausgaben. — 180, 4. *die kamerknehte*] *vil manig cammerknecht* Hs.

181, 1. *an*] *an daz* Hs. und Ausgaben. — 181, 4. *die*] *sô* Hs. und Ausgaben. — *dâ* V.] *da ze hofe* Hs.

182, 4. *bruofte* in der Hs. nach der Cäsur; ebenso in den Ausgaben.

183, 1. *der*] *der herre* Ausgaben und Hs. — 183, 4. *vor den frouwen* fehlt in der Hs. und den Ausgaben.

184, 4. *wære ez*] *war des* Hs., *wær dez* Z. E., *wær daz* V.

185, 4. *mærer helt*] *helt* Hs. und Ausgaben.

187, 1. *lange* V.] fehlt Hs. — 187, 2. *hurten*] *hurte* Hs. und Ausgaben; die übrige Zeile nach Hagens Besserung. *wart* von mir ergänzt.

— 187, 3. *ir* Z.] *sein* Hs. — 187, 4. *nider sâzen*] *sâzen* Hs. und Ausgaben.
188, 4. *in in*] *in* IIs. und Ausgaben.
189, 3. *ez* V.] *sy* IIs. — 190, 1. *gestraht ir*] *gestrackht er* Hs.
191, 2. *wâren dar*] *wâren* Hs. und Ausgaben. — *einer* Z.] *ainen* Hs.
193, 4. *gnediclîche* Hs.; die Ausgaben haben *genendiclîche*. Vielleicht ist zu lesen *sô stuont ir ir dinc vil gemellîche*.
194, 4. *inner einem jâre*] *im jâr* Hs. *ime jâre* V., *in einem jâre* Z. E. — *er ir* Z.] *er* IIs.
195, 1. *Sit*] *Nu* IIs. und Ausgaben, zunächst wieder durch eine falsche Initiale zu erklären. — 195, 2. *füeren wolt er*] *wolt er füeren* Ausgaben und IIs. — 195, 4. *den*] *dem* IIs. und Ausg.; *deheiner* hat hier collectiven Sinn.
196, 1. *kom ze strîte*] *zu streite kam* Hs., *ze strîte kæme* Ausg. — 196, 2. *hôchverten*] *hochfertigen* Hs. und Ausg. — 196, 3. *mit*] *in* Hs. — *sîner* V.] *sein* Hs. — 196, 4. *er*] *er hiez* IIs. und Ausgaben.
197, 2. *von Indîâ diu frouwe*] *d. f. v. I.* IIs. und Ausgaben. — 197, 4. *dâ von* V.] *da bey* IIs.
198, 4. *tâten* V.] *tettens* Hs. — *den* V.] *der* Hs. — *beste*] *aller beste* Hs. und Ausgaben.
199, 2. *ez wart*] *wart ez* Hs. und Ausgaben.
200, 3. nach Z. Ergänzung. — 200, 4. *er jach* fehlt Hs. und Ausgaben. — *næme*] *nam* Hs. und Ausgaben.
202, 2. *ez*] *er* Hs., *et* die Ausgaben.
203, 3. *man vindet*] *vindet man* Hs. und Ausgaben. — 203, 4. *deste* fehlt Hs. und Ausgaben.
204, 1. *dâ* Z.] fehlt Hs. und bei M. und P., die *in Tenelant* (M. schreibt *in*) als richtige Halbzeile betrachten. — 204, 3. *êren*] *grôzer êre* Z. und Hs., *êre* E. V. M. P. — 204, 4. *ime* Z.] *im* Hs.
206, 4. *sie dem helde*] *den helden völliklich die* Hs., *si dem helde völliclîche* E. V.
207, 2. *bî Ortlande nâhen*] *nâhen bî Ortl.* Ausgaben und Hs. — 207, 4. *mit êren*] *mit grôzer êre* Ausgaben und Hs.
208, 1. *im diente* hat E. mit Recht gestrichen.
209, 1. *wart im*] *wart* Ausgaben und IIs.
211, 2. *ein juncfrouwen*] *aine* Hs., *et eine* Z., *ein maget edele* E., *eine frouwen* V., *eine maget* M. P., mit fehlerhafter Cäsur. — 211, 4. *suln daz*] *suln* Ausgaben und Hs.
212, 1. *wie*] *wie si sô* Ausgaben und Hs. — 212, 3. *daz Gêren* V.]

des Gêren E., *des* H. Z., *küniges* W. Grimm (bei M.); die Hs. hat *das*, nicht *des*.

215, 1. *sô* E.] fehlt Hs. — 215, 3. *von schulden wol* V.] *wol von schulden* Hs. — 215, 4. *wirdet*] *wirt* Hs. und V., *und wirt* Z. E.

218, 2. *dâ* E] *al da* Hs. — 218, 4. *wol nâch êren*] *nâch êren wol* Hs. und Ausgaben.

219, 3. *hin* P.] fehlt Hs.; auch Z. E. ergänzen *hin*, aber an falscher Stelle. M. *dô der künic engegene gie*. — 219, 4. *degene* V.] *recken* Hs.

220, 1. *Im was*] *ez was im* Hs. und Ausgaben. — 220, 3. *sîner* Z.] fehlt Hs. — 220, 4. *nu wis*] *bis* Hs. und Z. E., *wis* V.

221, 1. *herren* fehlt Hs.; *recken* ergänzt Z. V., *richen* E., *künic* H. — 221, 4. *in den*] *in* Hs. und Ausgaben. — *der schedelîchen* Z.] *schedeliche* Hs. und E. V.

222, 2. *dâ ze*] *si sprâchen : ze* Hs. und Ausgaben; ich habe *dâ* vom Anfang der zweiten Hälfte an den Beginn des Verses gesetzt, *si sprâchen* steht wie häufig in Hss. fehlerhaft. — 222, 4. *uns sêre*] *uns* Hs. und Ausgaben. Die Besserung *schadete* von Z.

223, 1. *lât et*] *lat es* Hs., *lât ez* Ausgaben.

224, 2. *begunden*] *begundens* Hs. und Ausgaben.

226, 2. *maget* E.] *die magt* Hs. — 226, 4. *ein* V.] *an* Hs.

227, 2. *gœbe* H.] fehlt Hs.

228, 3. *selbe* H.] fehlt Hs. — 228, 4. *den man dar gesendet* fehlt Hs., der Schreiber sprang von dem ersten *den* auf das zweite. Die Ausgaben ergänzen die fehlende Halbzeile auf verschiedene Weise, V. *swen du boten sendest*, W. Grimm (bei M.) *swer umbe Hilden wirbet*.

229, 1. *mirst nie*] *mir ist* Hs. und Ausgaben. — *sô*] *alsô* Hs. und Ausgaben. — 229, 2. *einen* V.] *ainen poten* Hs. und P., *boten einen* Z. E. Bei P. müßte es wenigstens heißen *hâhet er mir einen boten*. — *enmileze*] *müese* Ausg. und Hs. — 229, 3. *selbe geligen Hagene* Hs. und Ausgaben; um die Betonung *selbè* zu vermeiden, habe ich umgestellt *geligen Hagene selbe*.

230, 2. *wan*] *nu* Hs. und Ausgaben. *wan* 'nur', auch sonst in der Hs. mit *nu*, *nun* vertauscht, steht wie in den im mhd. WB. 3, 480ᵃ angeführten Beispielen. Man dürfte es auch als Wunschpartikel nehmen (mhd. Wb. 3, 500ᵃ), wenn nicht dann immer die Partikel dem Verbum vorausgienge.

231, 1. *dâ wil ich* Z.] *ich wil dâ* Hs. und M. P., die außerdem die erste Halbzeile (nach W. Grimm) so ändern *Dô sprach der herre Hetele;* aber auch wer *ich wil dâ hin* für einen genügenden Halbvers ansieht, hat nicht nöthig *Hetele der herre sprach* zu ändern. — 231, 3.

swar Z.] *wohin* Hs. — 231, 4. *Îrolde*] *Irolden* Hs. und Ausgaben; P. stellt um, wodurch aber der Vers auch nicht besser wird.
233, 3. *dô* Z.] fehlt Hs.
234, 1. *dannen* E.] *von dannen* Hs, sehr häufiger Fehler, vgl. oben S. 44. — *huote*] *leute* Hs., *liute* Ausgaben; *h* und *l* verwechselt auch 1625, 3.
235, 4. *gedâhte* Haupt] *dâhte* Hs.
236, 2. *nu sît*] *sît* V. und Hs.; *sît willekomen, her Wate (Wate* P.) fehlerhaft Z. E. P.
238, 3. *übermüete*] *übermüetic* Ausgaben und Hs.
239, 2. *bedorfte* Z.] *dorffte* Hs. — 240, 3. *ez* E.] *es euch* Hs.
240, 4. *nâch iuwerme willen* fehlt Hs.; meine Ergänzung beruht auf Nib. 2307, 3 *du hâst ez zeinem ende nâch dînem willen brâht;* die Herausgeber machen alle *ez ensî* mit Hagens Ergänzung *danne* zur ersten Vershälfte, und geben die zweite Hälfte zu kurz; P. ergänzt *grimme.* — *michs*] *mich* Hs.; Z. und P. haben *es* vor *erwende.*
241, 4. *vil hôhe*] *hoch* Hs. und Z. E. V., *hôhe* P.
242, 4. *ûz*] *von* Hs.; M. P. schreiben *Fruot von;* aber die Form *Fruot* ist in der Kudrun nicht nachweislich. — *bringe*] *müge bringen* Ausgaben und Hs.; der Schreiber wollte den Reim glätten.
243, 4. *genendiclîchen* E.] *gnediclîchen* Hs.
244, 3. die Umstellung von Ziemann.
245, 2. *von Tînen* von Z. ergänzt.
246, 1. *Jâ* H.] *Ir* Hs. — *irs*] *ir* Hs. und Ausgaben. — 246, 3. *nâch hulden*] *nâch sînen hulden* Hs. und Ausgaben. — 246, 4. *vâret* E.] *gevaret* Hs. — *vâre*] *trew* Hs.; die Ausgaben *sol selbe entriuwen.*
247, 1. *Tene* fehlt Hs; Z. E. P. ergänzen *snelle,* V. *degen.* — 247, 2. *michs,* Besserung Ziemanns. — 247, 4. *etlichiu*] *erleich* Hs., *êrlich* Ausgaben. — *in* E.] *im* Hs.
248, 3. *dunket sich* V.] *dunket sich nie sô* Hs. und Z., *dunkt sich sô* E. M. P.
249, 3. *ingesinde*] *gesinde* Hs. und Ausgaben.
250, 1. *spîse*] *ein spîse* Hs. und Ausgaben. — 250, 4. *alsô* fehlt; eine Ergänzung ist dem Verse nöthig, denn *müge wir dêste* ist falsch.
251, 3. nach V. gebessert. — 251, 4. *sô* H.] fehlt Hs.
252, 1. *wât* Z.] *gewant* Hs. — 252, 2. *tohter* H.] fehlt Hs. — 252, 3. *daz*] *sît* Hs. und Ausgaben.
255, 4. *niht mit gemache welle* V.] *mit gemache welle nicht* Hs.
256, 1. *hundert degene*] *hundert* Hs. und Ausgaben.
257, 3. *der*] *des* Hs. und Ausgaben.

258, 2. *zuo* Haupt] fehlt Hs. — 258, 4. *fride*] *sîn fride* Ausgaben und Hs.
260, 3. *meien* V.] *winters* Hs.
261, 1. *man uns wurket*] *wurcht man* Hs. — 261, 4. *iht ze schaden*] *ze schaden nicht* Hs. und E., *ze s. iht* Z. V.
263, 4. *nimmer* E.] fehlt Hs.; Z. P. ergänzen *nie*.
265, 1. von Z. umgestellt. — 265, 3. *der was* Z.] *was* Hs.
267, 2. *welte* V.] *wolt* Hs. — *man* H.] fehlt Hs. — 267, 3. *Abalî*] *Agaby* Hs., *Abakîe* Z. E. *Agabî* nur an dieser Stelle; *Abakîe* ist die Heimat der Mohren, einmal begegnet die Form *Abagî* (1684, 3), was Schreibfehler für *Abakî*, aber auch für *Abalî* sein kann. Denn der Name des Mohrenlandes heißt *Abakîe*, *Abakîne*, eine Form in *î* begegnet nicht. Dagegen ist *Abalî* als Heimat kostbarer Stoffe durch 864, 4 (*von Abalîe ein hemede*) und 1248, 2 (*von Abalî der stein*) belegt; daher auch 1684, 3 *Abalî* zu lesen war. Er ist derselbe Name, der Bit. 1155 vorkommt, *der truoc wât von Abalîn;* die zwischen *î*, *îe*, *în* schwankende Endung ist wie bei *Ormanîe*.
268, 3. 4. die Umstellung der Worte nach Z. — 269, 3. *solden* M.] *wolten* Hs.
269, 4. weder *mohte wol*, wie V. liest, noch *trouwen*, wie M. will, ist nöthig.
272, 1. *dar* V.] *da* Hs. — 274, 4. *mære*] *mit witzen* Hs. und Ausgaben; der Schreiber beabsichtigte einen Inreim.
275, 4. *listeclîche*] *lustliche* Hs. und Ausgaben.
276, 2. *zwêne* V.] *zwo* Hs.
277, 3. *dem künic* H. V.] fehlt Hs., *dem, künige* H. Z. E. P. — *unz* V.] fehlt Hs.; *unz daz* H. Z. E. P.
280, 2. *vil dinges* V.] *vil des dinges* Hs. — 280, 4. *in ieclîchs wol drîzic*] *yetlichs wol d. in* Hs., *in ietlîches drîzec* V. P.
281, 3. *erwerben solde*] *solte erwerben* Hs. und Ausgaben; ich habe umgestellt, um den zweisilbigen Auftakt nach der Cäsur zu entfernen. — *gienge*] *geschæhe* Hs. und Ausgaben; *strîts* ist in der Gudrun ohne Analogie.
282, 4. *iu* Z.] fehlt Hs.
284, 4. *ir in*] *in* Hs.; auch V. ergänzt *in*, aber an falscher Stelle.
285, 4. *kunden iht*] *kunden* Hs. und Ausgaben.
286, 1. *kunnenz* V.] *künden das* Hs. — 286, 2. *nahtselde* V.] *nahtsedele* Hs. und Z. E. Allerdings kommt auch *nahtsedel* in der Bedeutung 'Nachtherberge' vor (mhd. Wb. 2, 2, 235ᵇ), aber der Ausdruck *nahtselde nemen* ist in den Nib. und der Kudrun der gewöhnliche. Auch

müßte hier der Cäsur wegen der Plur. stehen, der nicht belegt ist. Derselbe Schreibfehler, *sedele* = *selde* 639, 3. Er weist darauf hin, daß in der Vorlage *selede* stand. — 286, 3. *die dâ*] *da sy* Hs., *daz si* H. Z. E., *die sô* V. — 286, 4. Besserung Hagens. — *die*] *dô* Hs. und Ausgaben.
287, 1. *ûf den*] *ûf dem* IIs. und Ausgaben, mit dem folgenden Verse verbunden. Der *wille ist ûf* etwas (Acc.), auf etwas gerichtet.
288, 4. *enist*] *ist* IIs. und Ausgaben.
290, 3. *unz* Z.] *und* IIs. — 290, 4. *daz in*] *daz* IIs. und Ausgaben.
291, 2. *sô* E.] fehlt IIs. — *manz*] *man* Hs. und Ausgaben.
292, 1. *ûf*] *ûf dem* Ausgaben und Hs. — 292, 4. *ander* vor *iemen* fehlt Hs. und Ausgaben.
294, 1. *frâgte* V.] *fragt sy* Hs., *si frâgte* Z. E. — 1. 2. *von wanne vher see dar gefarn waren* Hs.; eine Halbzeile fehlt in jedem Falle. Ich habe umgestellt *wannen sie gevarn über sê dar wæren*, und die zweite Halbzeile ergänzt *got müeze iuch bewarn*, als einleitende Formel der Rede Frutens. Die folgende Zeile *alsô sprach der degen Fruote* beweist, daß 2ᵇ schon zu Fr. Rede gehöite; ich habe für *alsô* geschrieben *sô*, vgl. oben S. 44. Z. schreibt *wonnens über sê dar gevarn wæren? dâ was uns dicke wê;* ebenso E.; V. hat ebenso, doch statt 2ᵇ *got bewar iuch immer mê*. Haupt endlich (Z. 5, 505) *si nâch siner ê, von wannen si wæren gevaren über sê*, unrichtig aus dem eben bemerkten Grunde. Meine Lesart erklärt sich graphisch einfach, der Schreiber sprang von *wæren*, wofür er *waren* schrieb, auf *bewaren.*
295, 1. *iesch* Haupt] *haisst* Hs.; *hiesch* liegt noch näher. — 295, 3 *gereichte* Haupt] *gerûchte* Hs.
296, 2. *in* V., fehlt Hs.
297, 1. *si do* V.] *da sy* Hs. — 297, 2. *hetes*] *hette* Hs. und Ausgaben. — 297, 4. *quotes* nach *dâ* fehlt IIs. und Ausgaben. — *gezæme*] *gezam* Hs. und Ausgaben.
298, 1. Hagens Ergänzung. — 298, 3. *wirdet*] *wirt euch* Hs., aus *wird ev* erklärlich. — 298, 4. *gebresten ihtes*] *ihtes gebresten* Ausgaben und IIs.
299, 4. *vil* vor *vlîz*, fehlt Hs. und Ausgaben.
300, 1. *die* vor *heten* fehlt IIs. und Ausgaben. — 300, 4. nach Haupt umgestellt.
301, 4. *die sie* V.] *sy da* Hs.
302, 2. *die vil richen*] *vil riche* V. und Hs., *harte rîche* Z. E. — 302, 3. *dannoch* fehlt IIs.; die Ausgaben ziehen *vierzic* zur zweiten Hälfte.

303, 1. *dar*] *dartzü* Hs. und Ausgaben. — 303, 4. *des künic*] *des* Hs., *die* Ausgaben.
304, 1. *dar* Z.] fehlt Hs. — 304, 2. *dem* V.] *do dem* Hs. — 304, 3. *brœhte*] *brâhte* Ausgaben und Hs. — 304, 4. *wol* vor *schîn* Hs.; V. streicht es.
305, 3. *sô gekleidet* V.] *also klaidet* Hs. — 305, 4. *swert* Z.] *daz swert* Hs. und E.
307, 3. *daz* V.] *die* Hs.
308, 4. *ze* V.] *wol ze* Hs.
309, 2. *ich ez*] *ich* Hs. — 309, 4. *wol werte*] *werete* Hs.; vgl. zu 308, 4.
310, 2. *Îrolde*] *Îrolden* Hs. — 310, 3. *komen wæren* Hs., von Z. umgestellt.
311, 4. *gerochen*] *getân* Hs. nach *hât*. Die Verbindung *anden tuon* ist nicht nachweislich; der Schreiber verwechselt es mit *ande tuon*.
312, 2. *ir* V.] *ir da* Hs. — 312, 4. *sô*] *als* Hs.
313, 2. *des* V.] *desselben* Hs. — 313, 4. *dô sprach der degen Hôrant* von mir ergänzt.
314, 3. *er* Hs.] fehlt Hs. — *geswachet*] *gemachet* Hs. — *freuden* Z.] *freunden* Hs.
315, 3. *ezn sî*] *ez sî danne* Hs. und Ausgaben. — *gartce*] *gar* Hs. und Ausgaben.
316, 4. *gibes*] *gibe* Ausg. und Hs. — *wol* fehlt Hs. — *stunt*] *mâl* Hs. und Ausgaben.
317, 2. *freische*] *gefraische* Hs. und Ausgaben.
318, 2. *es*] *sin* Ausgaben und Hs.
319, 3. *swâ mite sô*] *wo* Hs., *swie sô* V.
320, 1. *in werten*] *gewerten in* Hs. und Ausgaben.
322, 1. *der hiez*] *hiez* Hs. und Ausgaben. — 322, 4. *harte* fehlt Hs. — *schemelîche*] *schedelîche* Z.˙ E. und Hs., *schentlîche* Haupt und V.
323, 4. *möhten wol*] *möhten* Hs. und ͵Ausgaben.
325, 4. *werte* V.] *gewerte* Hs.
326, 1. *den* Z.] *dem* Hs. — 326, 3. *der* E.] *des* Hs. — *dan* V.] *dann sein* Hs. — *trouwen*] *getrowen* Hs.
328, 3. *swanne* Z.] *wenn* Hs.; *wenne daz geschæhe* als Ausruf, wie V. und P. wollen, ist nicht statthaft.
329, 2. *gebære*] *gebærde* Ausgaben und Hs. — 329, 3. *gar* Z.] fehlt Hs. — 329, 4. *biten*] *erbiten* die Ausgaben, *erpeiten* Hs. — *Waten* Z.] *dem alten Waten* Hs. Haupts Vorschlag (Z. 2, 381) macht den Vers nicht besser; man müßte schreiben *ame alden Waten*.

331, 4. *quoten* vor *swertdegen* fehlt Hs. und Ausgaben.
332, 4. *dar*] *dâ* Hs. und Ausgaben.
333, 2. *tiefe mentel wît*] *t. m. und w.* Hs. und Z. E., *mantel tief und wît* V. — 333, 4. *snellen*] *selben* Hs. und Ausgaben.
334, 2. *in hin*] *hin in* Hs. und Ausgaben.
335, 4. *sînen*] *sîn* Ausgaben und Hs.
336, 1. nach V. gebessert.
337, 4. *zuo ir* V.] *zu ir in die* Hs.
339, 3. *dâ* V.] fehlt Hs. — 339, 4. *iht anders* V.] *anders irht* Hs.
340, 1. nach Haupt umgestellt. — 340, 3. *vor im* fehlt Hs. und Ausgaben. — 340, 4. *mit zühten gie*] *gie mit zühten* Hs. und Ausgaben.
341, 1. 2. nach Ziemann ergänzt.
342, 4. *des den prîs dâ*] *den prîs* Hs. und E., *dâ den prîs* V. — 343, 2. *si* mit V. gestrichen. — 343, 3. *alsô* H.] fehlt Hs. — 343, 4 *gerner* Z.] fehlt Hs.
345, 1. *erlachete* Z.] *lachete* Hs. — 345, 3. *dâ von*] *da* Hs. *mêre* H.] fehlt Hs. — *der selde*] *den selden* Hs.
346, 4. *in sîner heime selden*] *selten in s. h.* Hs. und Ausgaben.
347, 4. *wol* mit E. gestrichen.
348, 1. *sagete mære*] *sagete* V. und Hs., *der sagete* Z. E. — 348, 2. *daz nie künic deheiner mêre*] *d. k. d. nie* Hs. und Ausgaben. — 348, 3. *den* Z.] fehlt Hs.
349, 4. *rîcher*] *rîche* Hs. und Ausgaben.
350, 1. *Er*] *Wate der* Hs. — 350, 3. nach V. umgestellt.
351. 352. nach V. geordnet. — 351, 4. *manz* E.] fehlt Hs.
354, 3. *Horanden von Tenerîche* Z., dem M. folgt. — 354, 4. *man in*] *man* Hs. und Ausgaben.
355, 2. *nâch*] *nâhen* Hs. und Ausgaben. — 355, 4. *vil*] *gar* Hs. und Ausgaben.
357, 2. *in in* E.] *in* Hs. — 357, 4. *die sînen helde* mit Z. — *phlegeten*] *gephleget* Hs., *phlægen* Ausgaben. — *ersmielte*] *smielte* Ausgaben und Hs.
358, 4. *im* E.] *im darumb* Hs.
359, 2. *wil* E.] *den wil* Hs. — 359, 4. *lîhte* E.] fehlt Hs.
361, 3. *ein*] *daz* Hs. und Ausgaben. — *alsô* mit V. gestrichen.
362, 1. *enhant*] *in die hant* Hs., *in hant* Ausgaben. — 362, 3. *der* V.] *die* Hs.
363, 3. *vor* E.] *vor den* Hs. — 363, 4. *deis*] *daz sîn* Ausgaben und Hs.
364, 1. *Hagene dolte* Hs., was E. V. beibehalten, Z. H. *dô dolte*.

Aber *dolte* gibt hier keinen Sinn. Stand *dolete*, so kann das verlesen sein aus *dosere* = *dô sêre*, das Verbum aber fehlt, und war wohl *sluoc*. Die Subjecte müssen vertauscht werden, wie die folgenden Verse beweisen. Also *Hagenen sluoc dô sêre der künstelôse man*.

365, 1. *ez* fehlt Hs.
367, 3. *sîn* E.] *sein wol* Hs. — 367, 4. *sô*] *als* Hs.
368, 2. *jeht*] *sprecher* Hs. für *sprechet*, was Z. E. V. haben. *sprechen* wird in jüngern Hss. oft für *jehen* gesetzt. Vgl. 716, 2.
369, 4. *deis*] *daz sin* Hs. und Ausgaben. — *beide* fehlt Hs. und Ausgaben. — *unde* V.] *und die* Hs.
370, 4. *dâ* vor *von* fehlt Hs. und Ausgaben.
371, 2. *des* V.] *du* Hs. — 371, 3. *erdriezen*] *verdriezen* Ausgaben und Hs.
372, 1. *ûf einen*] *an einem* Hs. und Ausgaben. — 372, 3. *mit sô* E.] *so mit* Hs.
373, 2. nach Wackernagel gebessert. — *friunde* H.] *freude* Hs.; vgl. 354, 3.
375, 1. *der*] *den der* Hs. — *sô* Z.] fehlt Hs. — 375, 4. *harte wol*] *wol* Hs. und Ausgaben.
378, 2. *lôn sô*] *alsô* Hs. — *grôzez*] *gros* Hs. — 378, 4 *ûzer*] *ûz* Hs. und Ausgaben
379, 4. *niwet*] *niht* Ausgaben und Hs. — 380, 1. *liet* Haupt] *laut* Hs. — 381, 4. *sô* V.] *alsô* Hs.; Z. E. W(ackern). behalten *alsô* und lesen *Tenen* für *Tenemarke*.
384, 3. *niht enphunden*] *nicht* Hs., *warliche niht* Z. E. V., *niht geahtet* M.
385, 3. *mit* V.] *in* Hs. — 386, 4. *hie ze hove* V., aber vor *singen*] fehlt Hs. — 387, 3. *hôchverte*] *hochfertig* Hs. und Ausgaben. — 387, 3. *die werden*] *die* Hs. — 387, 4. *wol erklingen* nach *nicht* Hs.
388, 2. *der wîse* schreiben alle Herausgeber; *wîse* ist hier aber 'Melodie', abhängig von *vleiz sich*; *des* bedeutet 'deshalb'. — 388, 4. *wol dannen* nach *sinnen* Hs. und Ausgaben.
390, 1. *dænen* Wackern.] *dienen* Hs. — 390, 2. nach Wackern. gebessert.
391, 2. *solte vil taugen* Hs. — 391, 4. *sô*] *alsô* Hs. — *bî ir* M.] fehlt Hs.
393, 4. *wol von schulden*] *wol* Hs. und Ausgaben.
395, 4. *aller hande*] *aller* Hs. und Ausgaben.
396, 1. *er sprach* mit V. und M. gestrichen.
399, 3. *niht verrer kunde*] *verrer kunde nicht* Hs. und Ausgaben. — 399, 4. *niwan*] *wan* Hs. und Ausgaben; *wane* wäre auch erlaubt.

400, 1. *bŭte diu frouwe*] *die frawen puten* IIs. — 400, 2. *niwan*] *wan* IIs. und Ausgaben. — *eine* Wack.] *ainen* Hs. — 400, 3. *beholde* Wack.] *behalten* Hs. — 400, 4. *die* Wack.] *den* IIs.

401, 1. *ist er* könnte man auch streichen. — 401, 4. von Z. umgestellt. — *alsô*] *sô* Hs. und Ausgaben.

402, 4. *durch dînen willen, frouwe*] *f. d. d. w.* IIs. und Ausgaben.

405, 4. *sît ir*] *sît* Hs. und Ausgaben. — *sorge*] *sorgen* Hs. und Ausgaben.

407, 4. *vor* E.] *von* Hs. — 408, 4. nach V. gebessert.

409, 2. *wern*] *gewern* IIs. und Ausgaben. — 409, 4. *sü¹*] *sol* IIs.

410, 4. *mirz* Z.] *mir* Hs. — *ê* Wack.] *vor* IIs.

411, 4. *vant*] *vnd* IIs. und Z. E.; V. streicht *und er*.

412, 2. *den snellen helden: snellen* fehlt IIs. — 412, 3. *hiesch*] *hays̄set* IIs. — 412, 4. *gefuogte*] *gefüeget* IIs. und Ausgaben.

413, 1. *mügen*] *müezen* IIs. und Ausgaben. — 413, 4. *gesingen* Wack.] *singen* IIs.

414, 2. *daz* Wack.] *den* Hs. — 415, 2. *was* Z.] *hiess* Hs. — 415, 3. *krône trüege* Wack.] *trüege krône* Hs.

417, 3. *daz*] *daz si* Ausgaben und Hs. — 417, 4. *dise* Z.] *die* Hs.

418, 2. *tōrst ich* V.] *getōrst ich* IIs. — 418, 4. *dem künic Iletelen*] *Hetelen* IIs., *künic II.* Z.

420, 4. *und wie der*] *wie* IIs. — *der frouwen*] *frawen* IIs.

421, 3. *vor* V.] *von* IIs. — 421, 4. *mêre hinnen*] *von hinne* IIs.

422, 1. *sage*] *dir sage* Hs. und Ausgaben. — 422, 3. *hine*] *von hinnen* IIs., *hinnen* die Ausgaben. — 422, 4. nach Z. umgestellt.

423, 2. *wan daz uns wer*] *das vns gewer* IIs., *wan daz uns gwer* Wack. — 423, 4. *unseren kiel dâ beschouwe*] *unser kiele dâ schouwe* Ausgaben und Hs.

424, 2. *bewendet*] *gewendet* IIs., *geendet* Wack. und V. — *arebeit* V.] *gros arbait* IIs.

425, 4. *dorfte in*] *in* hat die IIs. nach *hofe*.

426, 3. die Wortstellung nach Z.

427, 2. *sie wan eines*] *euch nun ainest* IIs. — 427, 3. *von Haupt*] *vor* IIs. — 429, 4. von Z. gebessert.

430, 2. von Z. gebessert. — 430, 4. *und* Z.] *und von* IIs.

432, 3. *vil* von Z. gestrichen. — 432, 4. *vil deste*] *dester* IIs.; vgl. 432, 3.

433, 2. *nemen ze minne*] *von mir nemen meine* Hs. Die Herausgeber bessern auf verschiedene Weise. Z. E. V. *nu ruochet von mir ze nemene*, M. P. *nu ruochet von mir nemen*, mit falscher Cäsur. *meine* ist allerdings zu *ros* gezogen, kann aber trotzdem aus *minne* entstellt sein. 433, 4. *iht* Z] *nicht* Hs.

434, 2. *hin* Z.] *da hin* Hs. — 434, 4. *der vergaebe*] *der* fehlt Hs. und Ausgaben.

436, 2. *iu iwer*] *iwer* Ausgaben und Hs. — 436, 3. *uns hinnen*] *uns* Hs. und Ausgaben. — *biten*] *hie gepeiten* Hs.

437, 3. *diu*] *dhainer* Hs., *disiu* V., *keiner* M. P. — Alle Herausgeber schreiben falsch *ân ein ende* statt *an ein ende*.

438, 4. *in* M. V.] *euch* Hs.

439, 4. *von Tenemarke Fruote*] *F. v. T.* der Hs.

440, 4. *riten schône*] *schône* fehlt Hs. Bei M. P. soll *hie mite riten* die erste Halbzeile sein. Vgl. 444, 4.

441, 3. *ze* E.] *ze also* Hs. — 441, 4. von Z. gebessert.

442, 4. *dâ moht diu k.*] *da die k. mochte* Hs.

443, 3. *dô er* Z.] *er* Hs. — 443, 4. *duo*] *die* Hs.

444, 1. *ûf* E.] *auf dem* Hs. — 444, 2. *vol wurde* V.] *wurde vol* Hs. — 444, 4. *die frouwen*] *schône die frouwen* Ausgaben und Hs. Vgl. zu 440, 4.

445, 1. *hôhe*] *dô* Hs. und Ausgaben. — 445, 4. *grimme leide*] *baide vil g. vnd l.* Hs. — *grimme* ist natürlich adverbium.

447, 2. *rehte* Z.] fehlt Hs. — 447, 4. *der mîner*] *meiner* Hs. Wäre *mag erlangen*, was E. V. M. P. haben, das richtige, so würde der Schreiber diesen auf *gêrstangen* genau reimenden Reim sicher nicht entfernt haben.

448, 2. *strîtes willen*] *strîten* Ausgaben und Hs. — 448, 3. *dâ mite*, zugleich mit euch] *dann* Hs., *sî danne* Z. und alle andern. — 448, 4. *mit der flüete*] *in die fluot* Hs.; vgl. 673, 4. — 451, 2. *swære*] *ez was swære* Ausgaben und Hs. — 451, 3. *Wate der alte* Haupt] *der Wate* Hs. — 451, 4. *vil hôhe*] *nu* Hs. und Ausgaben.

452, 3. nach Hagen umgestellt. — 453, 1. 2. mit E. und V. umgestellt. — 453, 1. *er het*] *het er* Hs. und Ausgaben. — 453, 4. *dô sie*] *do* Hs. Die Ausgaben *diu dâ* (*dar*). — *man den schaden* E.] *den schaden man* Hs.

454, 1. von Z. gebessert. — 454, 2. *ander sîm*] *anderm seinem* Hs. — 454, 3. nach E. Besserung. — 454, 4. von W. Grimm (bei M.) gebessert.

455, 2. *nâch* V.] *nach frawen* Hs. — 455, 4. *dâ wider*] *da* Hs. — *ir dannen* V.] *in danne* Hs.

456, 3. *grôzen sînen êren*] *grôzer sîner êre* Ausgaben und Hs. — 456, 4. von Haupt gebessert. Man kann auch schreiben *sie wæn des niht gedâhten*.

457, 2. *nu verre*] *verre* Hs. und Ausgaben. — 457, 4. *vil*, von Z. gestrichen.
458, 3. *bî den mînen friunden gesehen*] *g. b. m. fr.* Hs., von V. umgestellt, bei dem aber *den* fehlt. — 458, 4. *harte* fehlt Hs. und Ausgaben.
460, 1. *gâben*] *geben* Hs. und Ausgaben. — 460, 4. *ûz den*] *aus* Hs. — *der* V.] fehlt Hs.
462, 2. *lützel*] *wie lützel* Hs. und Ausgaben. — *si des* V.] *sys* Hs. — *er* Z.] fehlt Hs.
463, 2. *liehte*] *liehter* Ausgaben und Hs. — 463, 4. *gedinge* V.] *gedingen* Hs.
465, 4. *den* V.] *der* Hs. — 466, 3. von Z. gebessert. — 466, 4. von *Hegelingen Hetele*] *daz H. von den H. dar* Hs.
467, 1. *hin engegene*] *entgegne* Hs. — 467, 2. *diu schoenen* V.] *die vil schône* Hs. — 467, 3. *êren*] *êre* Hs. und Ausgaben.
468, 2. *mit in* V.] *mit* Hs. — 468, 4. *s'in* E.] fehlt Hs.
470, 4. *der vil wîse*] *der wîse* Ausgaben und Hs.
471, 1. *her* von E. gestrichen. — 471, 2. *dar* V.] *das ross* Hs. — 471, 3. *da er zwêne sach*] *dô sach er zwên* Hs. und Ausgaben.
472, 4. *buozt der*] *buozte* Ausgaben und Hs.
474, 1. *altgrîse*] *alte grîse* Ausgaben und Hs. — 474, 2. *hie* V.] *nie* Hs. — 474, 3. *dann er* V.] oder *danne* Hs. — *gesæhe*] *gesach* Hs. und Ausgaben. — 474, 4. *lieber nie geschæhe*] *liebers nie geschach* Hs.
475, 4. *sînen handen* V.] *sîner hande* die andern und die Hs.
476, 4. *geloube mir der mære*] *gelaube* Hs.
477, 4. *der grimme*] *der ist grimme* Ausgaben und Hs. — *müejet* V.] *gemût* Hs.
478, 4. *der helme sît*] *seyd der helme* Hs. Mit Unrecht ändern Z. V. P. *helme* in *swerte*.
479, 3. *wâren nu* V.] *nu wâren* Hs.
481, 2. *samet* Z.] *sam* Hs. — *wil* V.] *wil wol* Hs. — 481, 3. *die* V.] *der* Hs. — 482, 4. *si* von E. gestrichen.
483, 4. *die dâ*] *die* Hs. und Ausgaben. — *den* E.] *dem* Hs.
484, 4. *was ir nâch ir*] *was iren* Hs., *was ir* Ausgaben.
485, 1. *mit zuht*] *in zühten* Hs. und Ausgaben. — 485, 4. *groezlichen*] *grôzen* Hs. und Ausgaben.
486, 2. von H. gebessert. — 486, 4. *vil* mit V. gestrichen.
487, 1. *tugen* V.] *übenden* Hs.
488, 2. *sicaz* setzen fehlerhaft alle Ausgaben. — 488, 4. *harte* habe ich des Verses wegen gestrichen.

489, 2. *her* die Hs.; die Herausgeber schreiben dafür *het*, ich habe es vorgezogen, weil die folgende Zeile zu kurz ist, *her* zu lassen und dort nach *kocken hête* zu ergänzen. — 489, 3. *ouch vil*] *ouch* Ausg. und Hs. — 489, 4. nach Z. ergänzt.

490. Die Umstellung nach Vollmer. — 490, 2. *ûf den sant*] *ûf dem samt* Hs. und Ausgaben. — 490, 4. *gemellîchen* V.] *gemainlichen* Hs. 491, 3. *er* V.] fehlt Hs. — 491, 4. *des* V.] *daz* Hs.

495, 3. *maget* M.] fehlt Hs. — 496, 3. *ich ez*] *ich* Hs. — 496, 4. *den Îrlenden*] *den Eyrlande* Hs.; die Ausgaben *den von Îrlant*.

497, 2. *urliuge* V.] *ir urlauge* Hs. — 497, 3. *den selben*] *den* Hs. und Ausgaben. — *von den* V.] *mit* Hs. — 497, 4. *einer selde* V.] *ainen selden* Hs.

498, 1. *was ouch*] *was* Hs. und Ausgaben. — 499, 4. *vil sêre* habe ich als den Vers belastend gestrichen.

500, 4. *alrôten* fehlt Hs.; Z. E. V. ergänzen *rôten*.

501, 1. *der* mit V. gestrichen. — 501, 3. *erwerben hulfen daz lant*] d. l. e. h. Hs. und Ausgaben.

503, 3. *den* V. M.] *dem* Hs. — Die zweite Hälfte von H. gebessert. — 503, 4. *geschiezen*] *geschozzen* Z. E. V. und Hs.; *schiezen* M. P. — *lant* mit E. gestrichen.

504, 2. *in* E.] *sy* Hs. — 504, 4. *vil* von E. gestrichen.

505, 1. mit V. umgestellt. — 505, 2. *swie* schreiben alle Ausgaben statt *wie*; der Satz hängt ab von *kunt tuont*.

506, 4. *wâren*] *waren vil* Hs. — 508, 2. *duo*] *die* Hs.; *dô* V.

509, 4. *den alden Waten* mit V.

510, 3. *enphüeret wâren*] w. enph. Hs. und Ausgaben. — 510, 4. *gerüeret manic rinc*] m. r. g. Hs. und Ausgaben. — *harte* fehlt Hs. und Ausgaben.

511, 2. *sîner* H.] fehlt Hs. — 512, 2. *da er*] *der* Hs. und Ausgaben. — 511, 3. *lieben mâgen*] *lieben* fehlt Hs.; vgl. 523, 4.

513, 3. *unde* E.] *und auch* Hs. — 513, 4. *bedûhte*] *dûhte* Ausgaben und Hs.

514, 4. *beide* fehlt Hs. und Ausgaben. — 515, 1. *erwaget* V.] *erwage* Hs., *erwac* Z. E.

516, 1. *er sînen neven*] s. n. er Hs. und Ausgaben. — 516, 3. *von* Hs.] fehlt Hs.

518, 4. *âbunde* V.] *âbent* Hs.

520, 3. *dâ* habe ich vor *niht* gesetzt, weil beide Halbzeilen erst so das richtige Maß erhalten. — 520, 4. *swerte*] *der swerte* Hs. und Ausgaben.

521, 1. *rief*] *rueffet* Hs. — 521, 3. *ûz den*] *ûz* Ausgaben und Hs., *ûz grimmen* Z. — *vor*] *von* Hs. und Ausgaben. — *altgrîsen*] *grîsen* Ausgaben und Hs.

522, 4. *niht ensterbe*] *niht sterben* Ausgaben und Hs.
523, 1. *dô* mit V. M. gestrichen. — 523, 4. *gesande* P.] *het gesannde* Hs.
524, 2. *manigem guote* Pfeiffer] *maniger guete* Hs. — 524, 3. *sît st iu*] *ist* steht nach *helden* Hs., nach *iu* in den Ausgaben.
525, 2. *swie harte* Z.] fehlt Hs. — 525, 3. *hete* V.] fehlt Hs. — 525, 4. *hôher* V.] *her* Hs.; V. schreibt *hôher her*. — *ûz Irlande* mit V. gestrichen.
526, 4. *hôrten in*] *in* steht in der Hs. und den Ausgaben nach *zite*
527, 2. *in schuofen*] *schuofen in* Ausgaben und Hs. — 527, 4. *wart*] *werden* Hs. — *der - gedâhte*] *die - gedâhten* Ausg. und Hs. — *und des strîtes* mit V. gestrichen.
529, 4. *manigem recken*] *recken* fehlt Hs.; E. ergänzt *wunden*.
530, 3. *bûhsen wæhe*] *wæhe* fehlt Hs. und Ausgaben. — *was* H.] fehlt Hs.
531, 4. nach Haupt (Z. 5, 506) gebessert. — *die dâ*] *die* Hs.
532, 3. *ir* Z.] fehlt Hs. — 532, 4. *leidiu mære* Z.] fehlt Hs.
533, 2. *wer ez*] *gewere* Hs. — *daz* E.] *daz daz* Hs. — 533, 3. *redet* V.] *geredet* Hs.
534, 3. *leider* mit E. gestrichen.
535, 4. *iu helfen binden*] *helffen* Hs. — *iwer*] *ewrn* Hs., *iwern* Ausgaben.
536, 3. *ich ennæme* V.] oder *ich nam* Hs.
537, 2. *den künic* V. und W. Grimm] fehlt Hs. — 537, 3. *niwan* Z.] *nûn* Hs.
538, 3. *diu vil* E.] *vil* Hs. — 538, 4. *kan* Haupt] *han* Hs. — *vil* vor *willeclîche* fehlt Hs. und Ausgaben.
541, 4. *man*] *kainen man* Hs. — 542, 2. *der* H.] fehlt Hs.
543, 1. *maget* Hs.; Besserung Vollmers. — 543, 2. *suln* H.] fehlt Hs.
544, 2. *erz* H.] *er* Hs. — 545, 2. *lebenden* E.] *lebentigen* Hs. — 545, 3. *tôte* Z.] *tôten* Hs. — 545, 4. *mit den*] *mit* Hs. und Ausgaben. — *verschrôten*] *zerschrôten* Ausgaben und Hs.
546, 2. *frœlîche* Z.] *frôlichen* Hs. — 546, 3. *iedoch* Z.] *doch* Hs. — 546, 4. *freuten* Z.] *freunt* Hs.
547, 3. *sich*] *sy* Hs. und Ausgaben.
548, 1. *Hetelen* V.] *Hagnen* Hs. — 548, 2. *ze hove truogen*] tr. z. h. Hs. und Ausgaben. — 548, 3. *sam*] *also* Hs. und Ausgaben.
549, 2. *daz magedîn*] *die maget* Hs. und Ausgaben. — *man uns*] *man* Hs. und Ausgaben. — 549, 4. nach V. Ergänzung.
550, 1. *richeite*] *rîcheit* Ausg. und Hs.

551, 1. *ouch* von E. gestrichen. — 551, 4. von Z. ergänzt. — *diu frouwe*] *fraw* Hs.

552, 2. *zôch* V.] fehlt IIs. — 553, 2. *der* V.] fehlt IIs. — 553, 3. *im* V.] fehlt IIs. — 553, 4. *des* E.] *das* IIs.

554, 3. *ez* Z.] fehlt Hs. — *gesagen* Z.] *sagen* Hs. — 554, 4. *daz sie in*] *den sy* Hs., *daz si den* Z., *wæn sî in* E., *dem si* V.

555, 3. *wirret*] *gewirret* Hs. und Ausgaben. — *frouwen*] *den jr.* Hs. und Ausgaben. — *sô grôzem*: vielleicht ist *solhem* zu lesen; vgl. MF. 46, 3. — 555, 4. *alsô daz*] *daz* Hs. und Ausgaben.

556, 2. *dô*] *daz* IIs. und Ausgaben. — 556, 4. *ich* H.] fehlt IIs.

557, 2. *die schœnen*] *d. sch. fr.* IIs. und Z. E.; V. streicht *schœnen*. — 557, 4. *vil* habe ich gestrichen.

558, 1. *sult sô*] *solt* Hs. — 558, 4. *hôhen* mit Z. gestrichen.

559, 2. *in* mit V. gestrichen. — 559, 4. *sich dô*] *sich* IIs. und Ausg.

561, 2. *daz* V.] *daz es* IIs. — 562, 2. *guot* fehlt IIs.; V. ergänzt *rîch*. — 562, 4. *muosens*] *muessen sy* IIs., *müezens* Ausg.

566, 4. *al des sî* V.] *alles des* Hs.

567, 1. *vil*] *wol* Hs. und Ausgaben; vgl. 323, 3. — 567, 2. *libe*: die Hs. *leibe*, wofür die Ausgaben *liebe*. — 567, 4. *alle* am Beginn der Zeile fehlt IIs. und Ausgaben.

568, 3. *vârten* H.] *vachten* Hs. — 568, 4. nach V. gebessert.

569, 4. *trüege*: die Ausgaben unnöthig *truoc*.

570, 4. *im ze wâre*] *im* IIs. und Ausgaben.

571, 1. *ze hove ouch dicke*] *o. d. z. h.* Ausgaben und Hs.

572, 2. *dem künic*] *künic* Ausg. und Hs. — 572, 3. *vor* Z.] von IIs. — 572, 4. *unde hêre*] *here* IIs. und Ausgaben.

573, 3. *daz* H.] *daz sy* IIs.

574, 2. *dem alten* Haupt] fehlt Hs. — 574, 3. *sinne*] *site* IIs. und Ausgaben. — 574, 4. *die von*] *von der* IIs. und Ausgaben. — *mærer helt*] *degen mære* Hs. und Ausgaben. — *sînen handen* V.] *seiner hannde* IIs.

575, 3. *sant ers*] *die sant er* IIs. und Ausgaben; *von Hegelinge lant* gehört zur dritten Zeile.

577, 1. *wol* mit Z. gestrichen. — 577, 4. *vil schedel.*] *vil* fehlt IIs. und Ausgaben.

578, 1. *frou* mit V. gestrichen.

579, 2. *in verzîhen hôrte*] *hôrte in verzîhen* Ausgaben und IIs. — 579, 3. *sô*] *also* IIs. und Ausg. — 579, 4. *mit sîner tugende ie gebârte*] *ve g. m. s. t.* Hs.

580, 1. *der hiez*] *hiess* IIs. — 580, 2. *verre er was*] *was verren* IIs., *was er verren* H. Z. E, *verren* V. — 580, 3. *über* habe ich gestrichen; *gewaldic* mit dem Gen. auch 21, 3.

582, 2. *sie hôrten*] *horten sy* Hs. — 582, 3. *dâ*] *daz* Hs. und Ausgaben. — 582, 4. *in*] *sy* Hs. und Ausgaben.

583, 1. *gevarn nimmer*] *n. g.* Hs. und Ausgaben. — 583, 4. *phlæge* V.] *phlag* Hs. — *im sie* Z.] *yms* Hs.

584, 2. *manige*] *maniger* Hs. und Ausgaben.

585, 1. *von* H. gebessert. — 585, 3. *immer* Z.] *nymmer* Hs.

586, 2. *vil* V.] fehlt Hs.

588, 3. *der hiez*] *hiez* Ausgaben und Hs.; vgl. 580, 1.

589, 2. *wart* V.] *was* Hs. — 589, 4. *iedoch*] *doch* Hs. und Ausgaben. — *im siu*] *yms* Hs., *ims* V., *imz* E. Z.

592, 2. *ouch* ist entweder zu streichen, oder nach *und* zu setzen.

593, 4. *von* Haupt gebessert. — 594, 4. *die*] *der schœnen* Hs.

595, 4. *êren*] *êre* Ausgaben und Hs.

596, 4. *unde*] *und wurden* Hs. und Ausgaben.

597, 4. *schiere dô*] fehlt Hs.; *dô* ergänzt V.

598, 4. *die wîle H. was*] *d. w. was H.* Hs. und Ausgaben. — *vil* beidemal mit V. und M. gestrichen.

599, 3. *welhen*] *in welhem* Hs. und Ausgaben. — 599, 4. *von* V. gebessert.

600, 2. *in*] *nu* Hs.; die Herausgeber schreiben *nu was in ofte wê*. — 600, 4. *die*] *der* Hs. — *vaste* mit V. gestrichen.

601, 3. *ouch* von Z. gestrichen.

602, 4. *dâ*] *daz* Hs. und Ausgaben. — Die zweite Hälfte nach Vollmers Besserung.

605, 2. *man* H.] fehlt Hs. — 605, 4. *von* V. umgestellt.

606, 4. *der künic*] *künic* Ausgaben und Hs. — Die zweite Hälfte nach Ettmüllers Besserung.

607, 1. *Dô*] *als* Hs. und Ausgaben. — 607, 4. *widere* V.] *wider* Hs. — *vil* mit V. gestrichen.

608, 4. *froun*] *die frawen* Hs. — 609, 1. *ir einer*] *einer* Ausgaben und Hs.

610, 1. *diu frouwe*] *frou* Ausgaben und Hs. — 610, 2. *lêch*, Besserung Ziemanns. — 610, 4. *hant* V.] *hennde* Hs.

611, 4. *sich im*] *sich* Hs. und Ausgaben. — *werren*] *gewerren* Hs. und Ausgaben; vgl. 555, 3.

612, 3. *dürfe*] *durffte* Hs. — 613, 1. *wol* mit V. gestrichen. — 613, 2. *mile*] *taqeweide* Ausgaben und Hs., die einen innern Reim gegen das Metrum beabsichtigte. — 613, 4. *der herre*] *die clagten du vil sere*

IIs.; die Herausgeber ändern auf verschiedene Weise. Ein Reim *rerre: sêre*, den Z. V. M. P. haben, ist nicht denkbar. Ich habe nach 1164, 4 gebessert; E. hat auch *Hartmuot der herre*, weicht aber sonst ab.

614, 2. *inder* fehlt IIs.; Z. und die andern *mit ougen*. — 614, 4. *gehœrne* Z.] *hœne* IIs.

615, 3. *durch daz*] *daz* IIs. und Ausgaben. — 615, 4. *der herre*] *der* IIs.

616, 1. *weinunde* H.] *wainende* IIs. — 616, 3. *boten hinnen*] *unser boten hin* Ausgaben und Hs. — 616, 4. *sie noch*] *sy* IIs.

618, 4. *es was* V.] *so was es* IIs.

619, 1. 2. *drumbe reit | boten, daz man der vârte*] *poten dar umbe mit | der man da erfarte* IIs. Die Ausgaben ändern auf verschiedene Weise; *reit* hat schon H. gebessert.

620, 1. *sich* V.] *sich gar* Hs. — 620, 2. *gesehen* E.] *sehen* IIs.

622, 3. *man sach* V.] *da sach man* IIs. — 622, 4. *hôhe* V.] *hohen* IIs.

624, 2. *tougenre* E.] *taugen* IIs. — 624, 4. *hieze*] *hiez* Ausgaben und IIs.

625, 4. *Hetelen*] *ir vater H.* IIs.

626, 1. *irz* V.] *ir* IIs. — 626, 3. *in*] *im* IIs. und Ausgaben.

627, 3. *grôzen* von E. gestrichen. — 627, 4. *die* E.] fehlt IIs.

628, 4. *jâ*] *dâ* IIs., *dô* Ausgaben.

629, 1. *kam* V.] *haim kam* IIs.

631, 3. *und* E.] *mit* Hs. — 631, 4. *vil* von E. gestrichen.

632, 1. *er* V.] *daz er* IIs. — *wurbe iht* V.] *icht wurbe* IIs.; vgl. 169, 1.

633, 2. *hiete*] *hette* Hs. — *duo*] *die* IIs.; Haupt *dô*.

635, 2. *zogete*] *zoge* IIs.; *züge* die Ausgaben. — 635, 4. *ze hûse bringen*] *bringen* Hs.

636, 1. *niwan* H.] *wann* IIs. — 636, 2. *ezn duncket mich*] *es d. m. nicht* IIs. und Ausgaben.

637, 2. *iht* Z.] *nicht* IIs. — 637, 3. nach Z. umgestellt. — *schranken* V.] *krancken* IIs.

638, 1. *sich* V.] *sy* IIs. — 638, 2. *des*] *daz* Hs. und Ausgaben. — 638, 4. *in strîte sît*] *sit* Ausgaben und IIs.

639, 1. *recken* fehlt Hs. — 639, 2. *her* von V. gestrichen. — 639, 4. *liehten* fehlt IIs. und Ausgaben.

640, 3. *der* V.] *des* Hs. — 640, 4. *in dem herten*] *in* IIs.; *in hertem* Z. V.

642, 2. *jâ*] *dâ* Hs. — *ungerne gewesen*, von V. umgestellt. — *dô dar vor*] *dô* fehlt IIs. — 642, 3. von Z. gebessert.

643, 3. *niht* V.] fehlt IIs. — 643, 4. *vant dâ*] *dâ* fehlt IIs. und Ausgaben. — *der herre* E.] *dem herren* Hs. 644, 4. *sie* Z.] *sich* IIs. — 645, 4. *alsô* habe ich gestrichen. — *vil* vor *bescheidenlîchen* fehlt IIs. und Ausgaben.
646, 2. von Haupt gebessert, der aber *verlân* beibehält. — 646, 3. *lônen*] *lone* IIs.; vgl. 17, 4.
647, 4. *daz*] *der* IIs. — *werte* H.] *wirt* IIs.
648, 1. *küenen sach*] *küene ersach* IIs. und Ausgaben. — 648, 3. *des* V.] *den* IIs. — 648, 4. *durch daz verch*] *durch* Hs.; der Ausfall wurde durch den gleichen Auslaut veranlasst; vgl. 684, 4. Haupt (Z. 5, 506) bessert *der houwet die verchtiefen wunden.*
649, 2. *alsam* Z.] *sam als* IIs. — 649, 3. *schœne* habe ich getilgt. *mohte anders niht*] *n. a. m.* Hs. und Ausgaben. — 649, 4. nach V. gebessert.
650, 3. *die* von E. getilgt. — 651, 2. *liden* E.] *glidern* Hs.
652, 4. *die zîte* M.] *zeit* IIs. — *swes* V.] *was* IIs.
653, 3. *des* mit E. gestrichen.
654, 2. *in*] *mit* IIs. und Ausgaben. — 654, 2. 3. *von Heg. lant* | *Kutrûn*] *Chautrun von H. l.* Hs.
655, 2. *daz* vor *geliebte* habe ich getilgt. — 655, 4. nach V. gebessert, der aber *ez* vor *scheiden* hat.
656, 2. *iuch* V.] *mich* IIs. Haupt (Z. 5, 506) schreibt *doch hât mich niht gerouwen mîner arbeit.* — 656, 4. die Umstellung rührt von Ziemann.
657, 4. *i'u* M.] *ich euch* IIs.
658, 3. *under ougen* V.] *under die augen* Hs. — 658, 4. *âne lougen*] *an taugen* IIs., *âne tougen* Ausgaben.
659, 1. *ze werben* V.] *werben* Hs. — *Hetvîc* habe ich gestrichen; es ist Glosse. — 659, 4. *ir tohter* V.] *seiner lieben tochter* IIs.
660, 1. *was*] *ward* IIs
662, 2. von Haupt gebessert. — 662, 4. *mac* H.] fehlt Hs.
664, 1. von Vollmer gebessert.
665, 3. *daz mans im gap* V.] *da gab man im sy* Hs. — 665, 4. *des*] *das* IIs., *daz* Ausgaben. — *wê vil*] *wê* fehlt IIs. und Ausgaben.
666, 4. *zem künige* fehlt IIs. und Ausgaben. — *woldes*] *wolte* Hs.
668, 2. *swâ sô*] *wo* Hs. *swâ* Ausgaben. — 668, 4. *mit friunden*] *mit sînen fr.* Ausgaben und IIs.
669, 2. von Haupt gebessert. — 669, 3. *hin ze Sêlande wolde herverten*] *herf. w. hin ze S.* IIs. und Ausgaben. — 669, 4. *gelobet wart diu reise* fehlt Hs. und Ausgaben; die Herausgeber ergänzen auf verschiedene Weise, aber alle auf *Sêlande* reimend.

670, 2. *dô*] *sô* Hs. und Ausgaben. — 670, 4 *gemeinliche* von E. gestrichen.

671, 1. *Sêlande* Z.] *lannde* Hs.

672, 1. *swâ sô*] *wo* Hs., *swâ* Ausgaben; vgl. 668, 2. — 672, 3. *dô* von Z. gestrichen. — 672, 4. *daz herverten*] *ez* Ausgaben und Hs.

673, 3. *komen* von E. gestrichen.

674, 1. nach V. gebessert.

675, 1. *dem*] *dem recken* Ausgaben und Hs. — 675, 2. *zen handen* V.] *zer hande* Z. E., *zu der hant* Hs. — 675, 3. nach V. umgestellt. — 675, 4. *dô*] *alsô* Hs. und Ausgaben.

676, 3. *marke* V.] *wargke* Hs., *warte* H. Z. E. M. P. — 676, 4. *Kûdrûn* habe ich gestrichen; es ist Glosse, vgl. 659, 1.

677, 2. *mit manigem trahene fuoren*] *sy f. m. m. t.* Hs. und Ausgaben. — *dar* V.] *da* Hs. — 677, 3. *dâ*] die andern Ausgaben lesen *dô* (Z.) und *daz* (E. V.)

678, 1. *sach*] *sahe* Hs., *sœhe* Ausgaben. — 678, 2. *liele* fehlt Hs. und Ausgaben.

679, 1. *dô*] *daz* Hs.

680, 1. von Haupt (Z. 5, 506) gebessert. — 680, 2. *diu iu*] *die* Hs., *diu* Ausgaben. — 680, 3. *bite*] *piten* Hs., *bitet* Ausgaben.

681, 4. *vlorn*] *daz verloren war* Hs., die Ausgaben ändern auf verschiedene Weise.

682, 4. *lebenden*] *lebendig* Hs., *lebende* V. — *ir lande*] *im* Hs. und Ausgaben.

683, 1. *in*] *wol* Hs. — 683, 3. *haben geworben*] *geworben haben* Hs. und Ausgaben.

684, 3. *verliesen*] *sy verliesen* Hs. — 684, 4. *frouwe*, Ettmüllers Ergänzung; der Ausfall erklärt sich durch den gleichen Auslaut.

685, 1. *vil* H.] fehlt Hs. — 685, 3. *brache ir* V.] *prachen die* Hs.

686, 2. *hilfa* H.] *hilffe* Hs. derselbe Fehler Nib. 6466 in d. — — *alze* V.] *also* Hs. — 686, 3. *willigen*] *williklichen* Hs. und Ausgaben. — *henden : genden*, Besserung Haupts. — 686, 4. *ander niemen*] *nyemand anders* Hs. *anders niemen* M. P.

687, 2. *wege*] *welle* Hs.; die Ausgaben nach Hagens Vorgang *helfe*. — 687, 3. *den* E.] *deine* Hs.

688, 1. *von den*] *den* fehlt Hs. — 688, 4. *rüeren* Hs.] *gerüeren* Hs. und Ausgaben.

689, 2. *starke* von E. gestrichen. — 689, 3. *der sol daz*] *also daz das* Hs.; *alsô daz* H. Z. E., *sol al daz* V. — 689, 4. *sich wol* mit V. gestrichen.

693, 1. 2. von Haupt gebessert; derselbe Fehler, *gewant* für *wât* schon oben 252, 1 und Nibel. A 1475, 3. — 693, 3. *zuo den] ze* IIs., *hin ze* Z. E. vgl. 734, 4. — 693, 4. *verlâzen] dâ heime verlâzen* Z. V. und IIs.; *dâ heime lâzen* E. *dâ heime* ist wieder erklärende Glosse zu *verlâzen.*
694, 1. nach V. umgestellt. — 694, 3. *doch] dô* IIs. und Ausgaben. — 694, 4. *beide* fehlt Hs. und Ausgaben.
695, 2. *knappen* Z.] *knaben* Hs. — 696, 4. *Kûdrûn diu schœne] die schœne chawdrun* IIs. und Ausgaben.
697, 3. *sunder twâle] sunder* IIs., *eine sunder* Z. E.; vgl. 655, 4.
698, 3. *dannoch* Z.] fehlt IIs. — 698, 4. *harte* fehlt Hs. und Ausgaben.
699, 1. *Dô si im* H.] *Die im* IIs. — 699, 4. *vil] vil dicke* IIs., *dicke* Ausgaben.
700, 2. *porten* W. Grimm (Müllenh. S. 70) und V.] *horten* Hs. *brach* E.] *zerbrach* Hs. — 700, 4. von E. gebessert.
701, 2. *ez versuochten] begundens rüeren* IIs. und Ausgaben; der Inreim ist sicher nicht das ursprüngliche, die Ausdrucksweise ist gezwungen, der Vers schlecht. — 701, 4. *zuo ril] zu den veinden* Hs.; der Schreiber verstand *zuo* nicht, er nahm es als Präposition.
702, 3. *unsenfte] zu vnsaufften maren* IIs. — 702, 4. *mæren* V.] *der maren* Hs.
703, 1. *sie rihten* V.] *da richten sy* IIs.
704, 4. *swie sô] wie* IIs., *swie* Ausgaben. — *vil* vor *frœliche* fehlt IIs. und Ausgaben; *frœlichen* haben Ausgaben und IIs. — *dannen* V.] *dunne* IIs.
705, 1. *heiden* H.] fehlt IIs. — 705, 2. *sy* mit Z. gestrichen.
706, 2. *Alzabîe] Alzabê* Hs. und Ausgaben. Ich habe nach Analogie von *Karadê, Karadie* an dieser Stelle des Verses wegen eine sonst nicht vorkommende Nebenform gewagt; denn ich zweifle, ob *âne dên* von *Alzabê* des Dichters Meinung träfe. — 706, 3. *diu her] der herr* IIs. — 706, 4. *wol* V.] *vil* Hs.
707, 2. von Haupt gebessert. — 707, 3. *sorge* V.] *wegsorgen* Hs.; V. hat übrigens *sorgen.* — 707, 4. *geleben* V.] *leben* Hs.
708, 4. von E. gebessert; *gewunnen* von H. ergänzt.
709, 1. *die geste* E.] *den gesten* Hs. — *kômen des] des kômen sî* Ausgaben und Hs. — 709, 4. *mâze] mâzen* Ausgaben und Hs.
710, 1. *Waz dû] Waz*, und *dâ* vor *gestreit* Hs. und Ausgaben. — 710, 2 *vil harte] vil* IIs. und V., *des vil* Z. E.
711, 2. *der starken helme] der helme starche* Hs. — 711, 3 das erste *vil* mit V. gestrichen. — 711, 4. *sin müesten] sy müsten* IIs. und Ausgaben. — *dicke] die dicken* Hs. und Ausgaben.

713, 3. *erz] er* IIs. und Ausgaben. — *der mâze* V.] *den massen* IIs.
714, 3. *daz sîn] sin* Ausgaben und IIs. — 714, 4. *wânden hin hinder] hin h. w.* IIs. und Ausgaben.
715, 3. *mans im] man ims* IIs. und Ausgaben.
716, 2. *jach* Z.] *sprach* IIs.; vgl. 368, 2. — *küener* V.] *chûners* IIs. — 716, 3. *sô] alsô* IIs.
717, 2. *die* mit E. gestrichen. — 717, 4. *mohte hân gerouwn] gerawen* Hs.; die Ausgaben ergänzen anders.
718, 2. *Sifrit* H.] fehlt IIs. — *grôzen* mit V. gestrichen. — 718, 4. *ez alsô sêre im] ims also sere* Hs.
719, 4. *algemeine niht] nicht alle gemaine* Hs.
720, 1. *ze einer veste] ze ainem wasser* IIs. — 720, 2. *site* H.] *zeite* Hs. — *hin* von E. gestrichen. — 720, 3. *dar] dâ* IIs. und Z. E. P., *daz* V. — *solden : wolden] wolten : solten* Hs. und Ausgaben.
721, 2. nach V. umgestellt. — 721, 3. *nu] den nu* Hs. und Z. E., *den* V. — 721, 4. *sô] also* Hs. — *lazte* E.] *verletzte* IIs.
722, 2. *hôchvertem sit* H.] *hochferten seyd* Hs.; *hôchverten sît* M. — 722, 4. *von dem Tenelender] von den von Tennelande* Hs.; *dem* ist Besserung Vollmers, *vor den von Tenelande muose* M. und P. Vgl. 496, 4.
723, 4. *ieclich] yeglicher* Hs. Vielleicht *etlicher*.
724, 1. *duo] die* Hs.; *dô* bessert Haupt. — 724, 2. *ritterschaft] die r.* IIs. und Ausgaben. — 724, 4. nach V. gebessert, der aber *beste* liest.
725, 2. *den hiez] hiess* Hs. und Ausgaben. — 725, 4. *genendicliche*, Besserung Ettmüllers.
726, 1. *m* V.] *mit* Hs. — 726, 2. *er mit al] mit allen* Hs. und Ausgaben; *er* ergänzen H. und die übrigen nach *daz*. — 726, 3. *dem] Herwige* Hs. und Ausgaben; *Herwige* ist auch hier Glosse. — 726, 4. *tæten] tetten* Hs., *tâten* Ausgaben.
727, 3. *êren] êre* Hs. und Ausgaben. — 727, 4. *wol* von E. gestrichen.
730, 1. *diu was] was* Hs. und Ausgaben. — 730, 3. *dâ* Ergänzung Hagens.
731, 1. *daz* mit V. gestrichen. — 731, 4. *lützel] wenig* Hs.
732, 3. *vil* Z.] fehlt H.; die andern Ausgaben lassen es mit Unrecht fort. — 732, 4. *wæren* V.] *wære* Hs.
733, 2. vielleicht *muget ir*; vgl. 1228, 2. — 733, 3. *Sêlande* V.] *Sturmlannde* Hs. — 733, 4. *dâ] gar da* Hs.
734, 1. *von* Z. gebessert.
735, 2. *daz mich so freye hohe gedancke tûnd* Hs., ohne Zweifel entstellt, wie Reim und Metrum zeigen. V. behält die Lesart der IIs.

bei, Z. E. schreiben *der höhe gedanke tuot.* Meine Änderung *hei was mich sorgen frîen hôchgedinge tuot* entfernt sich nicht so weit vom überlieferten, als es auf den ersten Blick erscheinen mag. Vgl. 1703, 4. 609, 4. — 735, 3. *sint* V.] *sein* Hs.

736, 1. *herr* von E. gestrichen. — *sâ* V.] *alsa* Hs. — 736, 2. *helde hêten*] *hetten* Hs., *hæten* E., *recken hæten* V., *hæten ritter* H. Z. M. P. Vgl. 736, 4. — 736, 4. *den sinen* E.] *den seinen helden* Hs., *sînen helden* Ausgaben.

737, 1. *genæte* P.] *genotig* Hs.

738, 1. *habet* E.] *het* Hs.

739, 2. *herverten*] *herverte* Ausgaben und Hs. — 739, 4. *ouch* habe ich gestrichen.

740, 4. *wesen friuntliche*] *wesen* fehlt Hs. Anders ergänzt Vollmer dem P. folgt.

741, 2, *daz* mit V. gestrichen.

742, 1. *mahte* Z.] *mochte* Hs. — 742, 2. *in ir* V.] *mit* Hs. — 742, 4. *mit* V.] *in* Hs.

743, 2. *guoter*] *guote* Hs. und Ausgaben. — 743, 4. *gib et* Haupt] *gibt* Hs. — *du* fehlt Hs. und Ausgaben.

744, 1. *teilten* Z.] *tailte* Hs. — 744, 2. *Swâben* Z.] *Swabe* Hs. — 744, 3. *soumen*] *soumern* Ausgaben und Hs. — *und von*] *vnd* Hs.

745, 1. *zuo ir verte*] *zuo in verre* Hs. und Ausgaben. — 745, 4 von E. gebessert.

746, 4. *vil* von E. gestrichen. — *solden*] *komen solten* Hs. und Ausgaben.

747, 3. *siu wâren*] *wârens* Hs. und Ausgaben. — 747, 4. *von Tenen* fehlt Hs.; *her* ergänzt Z., *der junge* H., *der küene* E.

748, 4. *began dem künic*] *begunde künic* Ausgaben und Hs.; *dem* darf nicht fehlen.

749, 1. *si enwisten* V.] *sy muosten* Hs. — 749, 4. *ez* E.] fehlt Hs. — *burc* V.] *bürge* Hs.

750, 1. *kom* V.] *do kam des* Hs.

752, 4. *versuochen*] *si versuochten* Ausgaben und Hs. — *friwende junden*] *funden freunde* Hs. — *dem H. lande* V.] *den H. lannden* Hs.

753, 4. *des sie wol beide* V.] *daz sich wol in baiden* Hs. — *ze rehte* habe ich mit M. gestrichen.

754, 2. *im was mit gedanken*] *m. g. w. im* Hs. und Ausgaben.

755, 2. *daz* H.] *des* Hs. — 755, 3. *er*] *er sy* Hs.

756, 3. *hinnen* E.] *von hynne* Hs. — 756, 4. *machen wil mit*] *wil machen* Hs. und Z. M. P., *wil dâ machen* E., *wol mache* V.

8

757, 2. *mêr* von H. gestrichen. — 757, 3. *ze stücken houven*] *ze huuwen* Ausgaben und Hs. — 757, 4. *juncfrouwe*] *schœne j.* Hs., *schœne frouwe* P.

758, 3. *der strâze*] *von den strassen* Hs., *von der strâze* V.

759, 1. *Hetele* Z.] fehlt Hs. — 760, 3. *diu* von Z. gestrichen.

760, 4. *und diu*] *sy was* Hs., *ez was* V.

761, 2. *übere*] *über mer* Hs. und Ausgaben. — 761, 4. *ir ûz ir*] *ir* Ausgaben, *irem* Hs.

762, 1. *wan er*] *daz er* Hs. und Ausgaben. — 762, 2. von H. gebessert. — 762, 2. 3. *im der muot stuont*] *stuont im der muot* Ausgaben, *st. im ye d. m.* Hs. und E. — 762, 3. *soldes* V.] *solten* Hs. — 762, 4. *ir dienen nimmer*] *ir n. zu d.* Hs., *ir ze d. n.* V.

764, 2. *den der vor*] *den vor* Hs., *den dâ vor* E. V.

765, 1. *sehen*] *ze sehen* Hs. — 765, 2. *sie* Z.] *sich* Hs. — 765, 4. *beide* von E. gestrichen. — *die* von E. ergänzt.

767, 2. *Hilde*] *frou Hilde* Ausgaben und Hs. Vgl. 788, 2. — 767, 3. *werben wolden*] *wolten* Hs. und Ausgaben.

770, 3. *êren*] *êre* Hs. und Ausgaben.

771, 1. *mîn* von Z. gestrichen. — 771, 3. *mit recken*] *mit sînen recken* Ausgaben und Hs.

772, 1. *gern*] *hort man sy gern* Hs. und Ausgaben. — 772, 2 von V. gebessert. — 772, 3. *harte* fehlt Hs. und Ausgaben. — 772, 4. *wurben ez vil*] *wurben* Hs. und Ausgaben.

773, 2. *gar* von E. gestrichen. — 773, 4. *schancte in*] *in* fehlt Hs. und Ausgaben.

774, 3. *wiez* E.] *wie es im* Hs.

775, 3, *in*] *im* Hs. und Ausgaben. — 775, 4. *schenke*] *schenket* Ausgaben und Hs.

776, 1. *ach wê*] *ach* Hs. und Ausgaben. — *sô*] *alsô* Hs. und Ausgaben. — 776, 4. *wan der mir* Z.] *der mir nu;* statt *wan* schrieb der Schreiber *wie* oft *nu*.

778, 2. *ach wê*] *ach* Hs. und Ausgaben; vgl. 776, 1. — 778, 3. *uns* V.] *vnd* Hs. — 778, 4. *vesten*] *veste* Hs. — *vor âbende noch verhouwen*] *noch vor abende zerhawen* Hs.

779, 2. *hiute H. gesinde hie*] *H. g. hiute hie* Hs. und Ausgaben.

780, 3. *herzeichen*] *zeichen* Ausgaben und Hs. — Die zweite Hälfte von E. gebessert. — 780, 4. *die H.*] *H.* Hs. und Ausgaben.

781, 4. *die lesten ouch*] *auch d. l. all* Hs.

782, 2. *habten*] *vant man* Hs. und Ausgaben.

783, 1. *enhende*] *in hannden* Hs., *in henden* Ausgaben. — 783, 2. *moht* mit der Hs.; die Ausgaben *möhte*. — 783, 4. *stunde* V.] *stunden* Hs.

784, 4. *si* mit V. gestrichen. — *dannen* V.] *von danne* Hs.
787, 2. *mære* V.] *der mære* Hs.
788, 2. *Hilde* V.] *frow H.* Hs. — 788, 3. *vil* Z.] fehlt Hs.
790, 3. *ahte*] *ahten* Ausgaben und Hs. — 790, 4. *von* V. gebessert; die Hs. hat den Singular. — *vil der helde*] *der helde vil* Ausgaben und Hs.
791, 2. *sêre wunden* Z.] *sêrwunden* Hs. und E. M. P. — 791, 4. *wart des*] *wurden der* Hs. und Ausgaben.
792, 3. *Hetelen*] *künig Hettels* Hs. Bei zweisilbigem Auftakte wäre auch *für den sal des künic Hetelen* richtig, aber nicht *künic*, wie die Ausgaben haben.
794, 1. *sô* V.] *also* Hs. — 794, 3. *mit den*] *mit* Hs., *mit ir* Z. E. V.
797, 3. *jûeret hin*] *füert von hynnen* Hs.
798, 4. *desn wolden*] *des wolten nicht* Hs.
800, 1. *sô*] *also* Hs. und Ausgaben.
801, 2. *die man*] *sô man* Hs. und Ausgaben. — 801, 3. Alle Ausgaben setzen fehlerhaft ein Komma nach *frouwen*.
802, 1. *dô* Z.] fehlt Hs. — 802, 3. *möhte* H.] fehlt Hs. — 802, 4. *manige* H.] *magde* Hs.
803, 1. *wüefen*] *rüeffen* Hs. und Ausgaben. *ruofen* statt *wuofen* steht auch Nib. 4159. *ruofe* statt *wuofe* 4176. — *liite* Haupt] *leute* Hs. Derselbe Fehler, *leute* =- *lite* auch Nib. 4273. — 803, 2. *man*] *man sy* Hs. und Ausgaben. — 803, 4. Besserung Ziemanns.
804, 1. *mit im* mit V. gestrichen.
806, 3. *lâzen*] *gelâzen* Ausgaben und Hs. — 806, 4. *wær* V.] *ward* Hs. — *und* mit V. gestrichen.
808, 2. *tragen* P.] *getragen* Hs.
810, 3. *künic Hetelen*] *künige* Hs. und Ausgaben. — *herzenliche* V.] *herzenlichen* Hs. — 810, 4. *geschach* V.] *geschahe* Hs. — *von* H.] fehlt Hs.
811, 4. *die von* O. *fuorten*] *das f. die von* O. Hs.
812, 4. *in ir grôzen sorgen die Hegelinge bî den Mæren harte nâhen* bietet die Hs.; die zweite Halbzeile ist um eine Hebung zu lang. Man könnte *harte* streichen, wie V. thut; aber die ganze vordere Halbzeile ist wie öfter eingeschoben, des innern Reimes wegen, daraus ergab sich *die von Hegelingen bî den M. ligen harte nâhen.*
813, 3. *dörfte niht*] *nicht dorfften* Hs. — 813, 4. *loufen*] *loufen und* Ausgaben und Hs.
814, 2. *in* E.] *im* Hs. — 814, 4. *geschehen sî* fehlt Hs.; V. ergänzt *geschehe*. — *swære* E.] *wære* Hs.

815, 1. *er sie]* er Hs.; *ers* V. — 815, 2. so Vollmer: *zu ungemuoten poten* Hs. — 815, 3. von V. umgestellt. — 815, 4. *dâ her]* her Hs.
817, 2. *mâge] deiner mage* Hs.
818, 2. *ein* E.] *ainer* Hs.
819, 1. *durch daz ich im verzêch] darumb daz ich vertzech Im* Hs. und Ausgaben. — 819, 4. *bewant] gewant* Hs. und Ausgaben.
821, 2. *sküniges] küniges* Hs. und Ausgaben.
823, 1. *burc] burge* Hs. — *gebrochen* V.] *zerprochen* Hs. — 823, 4. nach V. ergänzt.
824, 3. *sam] also* Hs. — 825, 2. *an den] an* Hs. und Ausgaben.
825, 3. *ergetzen* Z.] *erholn* Hs. — 825, 4. *wir gesetzen* V.] *wirt gesetzet* Hs.
826, 1. *daz* E. V.] *vnns* Hs.; die andern Ausgaben nach H. *uns daz.* — 826, 2. *fride* H.] fehlt Hs.
827, 2. die Wortstellung nach Z. — 827, 3. *der mâze* V.] *den massen* Hs.
828, 1. *hie] nu* Hs. und Ausgaben. — 828, 2. *sô* M.] *also* Hs.
829, 2. *leisten] liessen* Hs., *liezen* Ausgaben. — 829, 4. *Abakîne] Albakîne* Hs. und Ausgaben.
830, 4. *strîte* H.] fehlt Hs.
832, 3. *mînen êren] mîner êre* Ausgaben und Hs. — 832, 4. *wænet] meinet* Ausgaben und Hs. — *twingen] zu betzwingen* Hs., *betwingen* Ausgaben. — *beidenthalp diu] beidenthalben deste* Ausgaben und Hs.
833, 2. *sô* E.] *also* Hs.
834, 3. *buten* E.] *puten sy* Hs. — 834, 4. *rieten] riten* Hs. und Ausgaben; vgl. 667, 4. — *Ormanin] Ormanie* Hs. und Ausgaben. — *vâre] varen* Hs. und Ausgaben.
835, 2. die Umstellung nach Z. — 835, 4. *mit im* fehlt Hs. und Ausgaben.
836, 1. *dâ her] der* Hs.; H. V. *der künec.* — 836, 2. *vinden] ze vinden* Hs. und Ausgaben.
837, 1. *hie mit* V. gestrichen. — 837, 3. Wortstellung nach V. — 837, 4. *geræche* V.] *geriche* Hs.
838, 2. *al daz in bestât] als es vmb in stat* Hs. und Ausgaben.
839, 4. *aber* V.] fehlt Hs.
840, 1. *dem vil] dem* Hs. und E., *deme* Z. V. — *dem wart] ward* Hs. und Ausgaben. — 840, 2. *zogeten] zogen* Hs., *zugen* Ausgaben. — 840, 3. *iht] icht speyse* Hs. und Ausgaben; *spîse* war Randglosse. — 840, 4. *ez ouch] ez* Ausgaben und Hs.
841, 1. *Die* V.] *Da* Hs. — 841, 3. *sich sô gâhes gerihten niht] n. sô gâhes s. y.* Hs. — 841, 4. *mit vil] mit* Hs.

842, 2. *und*] *und ir* Hs. und Ausgaben. — 842, 4. *jach*] *sprach* Hs. und Ausgaben. — *solde inz gelten* V.] *sols euch gelten* Hs., *solz iu gelten* Ausgaben. — *sô sie* V.] *sô wir* Hs. und Ausgaben. — *næhest* V.] *allernächste* Hs. — *wünden*] *komen künnen* Hs. und Z. E., *komen künden* V.
843, 1. *und fluochten* mit E. gestrichen. — *michel nôt*] *nôt* Hs. und Ausgaben. — 843, 2. *vmb* mit V. gestrichen. 843, 4. *ze phande beide*] fehlt Hs.; *beide* V.
844, 2. *ir* V.] *in* Hs. — 844, 4. *lande* V.] fehlt Hs.
845, 1. von Z. gebessert. — 845, 3. *dâ* mit V. gestrichen. — 845, 4. *got von himele*] *daz got* Hs.
846, 4. *anden*] *schaden vnd ir* Hs.
847, 1. *der künic*] *künic* Ausgaben und Hs.
848, 2. 3. nach V. gebessert.
849, 4. *sach man* mit V. gestrichen.
850, 4. *dannoch* fehlt Hs. und Ausgaben.
851, 3. *gedingen* H.] fehlt Hs. — *dâ beliben ze siben tagen solden solten dâ b. z. s. t.* Hs. — 851, 4. *den*] *den vil* Hs.
852, 1. *nu sô verre dan*] *sô verre von in dan* Hs. und Z. E., *sô verre gevaren dan* V. — 852, 3. *deheinen den*] *deheiner slahte* Ausgaben und Hs. — 852, 4. nach V. gebessert, der aber *ze schaden ie* schreibt.
853, 2. *dem künige hiez erz*] *hiess ers d. k.* Hs. und M. P. — 853, 4. *wæren*] *wâren* Hs. und Ausgaben.
854, 2. *kocken* H.] *kyelen* Hs. — 854, 3. 4. *durch gotes êre selden truoc an sînen kleiden. des muosten die ûz Ormanîe engelden:* daß so statt des hs. *trûgs selten durch die g. e. an s. claiden d. m. entgelten die helden aus* O. *sere* gelesen werden muß, scheint mir unzweifelhaft. Durch fehlerhafte Wortstellung gerieth *êre* an den Schluß und daher mußte ein Reimwort (*sêre*) angeflickt werden.
855, 1. *nu* V.] *in nu* Hs. — 855, 3. *schadete*] *schade* Hs. — 855, 4. nach M. ergänzt. — *mîne* V.] *minen* Hs.
857, 2. *wâren* hat V. richtig mit der Hs., und die Änderung Ziemanns *wæren*, die E. M. P. annehmen, ist ungut. — 857, 4. *het*] *der hat* Hs., *hæte* V.
858, 2. *kindes spil*] *kintspil* Ausgaben und Hs. — 858, 4. *gerichs in*] *in* fehlt Hs. und Ausgaben. — *tar* Z.] *getar* Hs.
859, 4. *ich wæn* Haupt] *ich wil daz* Hs. — *enlieze*] *lieze* Ausgaben und Hs.
860, 1. *nie lant*] *nie ain lant* Hs. und Ausgaben.
861, 3. *dâ drâten*] *dâ* fehlt Hs. und Ausgaben.
863, 4. *daz* von E. ergänzt.
864, 2. *wuot*] *truoc* Ausgaben und Hs.; der Schreiber wollte die

Assonanz beseitigen. — *under* P.] *under der* Hs. — 865, 4. *guoten recken*] *guoten* fehlt Hs.

867, 4. *dem küenen* fehlt Hs.; E. ergänzt *dem fürsten*. Vgl. 868, 4.

868, 4. *rienden*] *veinden* Hs., *vinden* Ausgaben. — 868, 4. *küenen* mit E. gestrichen.

869, 4. *mit einem sper wol möhte*] *mocht wol mit einem sper* Hs.

870, 2. *sô*] *also* Hs. — 870, 3. *lant si mohten* Müllenhoff.

871, 1. *der künic Hetele*] *H. der küene* Hs. — 871, 3. *die* V.] *den* Hs. — 871, 4. *dâ funden*] *dá* fehlt Hs. und Ausgaben.

872, 1. *urborten sie* V.] *urbort sich* Hs. — 872, 2. *und von* E.] *und die von* Hs.

873, 2. *nâch alsô* V.] *also nach* Hs. — *dá* mit V. gestrichen.

874, 2. *schiffen* V.] *schiffe* Hs. — 874, 3. *in den sorgen H. wol*] *do H. in sorgen wol* Hs. — 874, 4. *veste*] *die vesten* Hs.

875, 2. *er* Z.] fehlt Hs. — 875, 4. *von Tenen* E.] fehlt Hs.

876, 3. nach V. umgestellt. — 876, 4. *sam*] *also* Hs.

877, 4. *dâ die*] *da* Hs., *die* V.

878, 4. *tiefe wunden*] fehlt Hs., *wunden wîte* ergänzt Z. E. M. P., *manege wunden* V.

879, 1. *sorgen*] *grôzen sorgen* Ausgaben und Hs. — 879, 2. von E. gebessert. — 879, 4. *der künic*] *der* fehlt Hs. und Ausgaben. — *zuo dem v. O. kom*] *kome z. d. v. O.* Hs.

880, 1. *enhant*] *in hant* Hs. und Ausgaben. — 880, 3. *aneme andern*] *an ein ander* Hs. und Z. E. M. P., *an dem andern* V. — 880, 4. vielleicht *dô diu herzenleiden mære*, was dem Sprachgebrauche der Kudrun angemessener wäre.

882, 2. *ein abentrôt* V.] *ain swein abentrot* Hs. Auch P. Besserungsversuch kann das fehlerhafte *swein* nicht retten. — 882, 4. nach V. gebessert.

883, 1. von V. gebessert. — 883, 3. Besserung Vollmers.

884, 1. *sküniges*] *des küniges* Hs. und Ausgaben. — 884, 3. das zweite *bî* mit Z. gestrichen; die Nichtwiederholung der Präposition ist durch genügende Beispiele in der Kudrun gesichert.

885, 1. *Ortwîn*] *der küene O.* Hs. und Ausgaben. — 885, 2. *mit menige*] *mit grosser m.* Hs. und Ausgaben; V. tilgt es ganz. Man bemerkt leicht, daß *grôz* an vielen Stellen auf Rechnung des Schreibers kommt.

886, 1. *Jr ein*] *Ainer* Hs.; *von T. einer* P. — 886, 3. *er* Z.] *es* Hs. — 886, 4. *Hôrant schaden grôzen*] *Horant* Hs.

887, 1. von Z. gebessert. — 887, 2. *schiere* Z.] fehlt Hs. — 887, 4. *sêre* P.] fehlt Hs.

888, 4. *wer*] *weret* Hs. — *lebende* V.] *lebentig* Hs.
889, 2. *dringen* V.] *drunge* Hs.
891, 1. *sy* von V. und M. gestrichen. — 891, 3. nach Hagens Ergänzung. — 891, 4. *wol* von E. gestrichen.
892, 1. *ûzer*] *ûz* Ausgaben und Hs. — 892, 4. *der in*] *der* Hs. und Ausgaben. Die Herausgeber haben nicht erkannt, daß *sterben* hier schw. verbum ist.
893, 3. *enwænen*] *wænen* Hs. und Ausgaben. — 893, 4. von V. gebessert.
894, 4. *die begunde*] *die* fehlt Hs. und Ausgaben.
895, 1. *gebrehte*] *gebraht* Ausgaben, *gepracht* Hs. Freilich kommt *gebraht* vor, aber nur selten und unsere Hs. setzt häufig *a* für den Umlaut. — 895, 4. *dâ* mit M. und V. gestrichen.
896, 2. *wâren in*] *ir waren* Hs., *in wâren* E. V. — 896, 4. *hinder in dâ*] *dâ* Hs., *dâ beliben* E.
898, 2. *die Tenemarken*] *die von Tenemarke* Z. V. und Hs.; E. M. P. streichen *mit den*. — 898, 3. *der hiez*] *hiess* Hs. — *erschellen* Z.] *schellen* Hs. und die Andern.
899, 1. *die* von E. gestrichen. — 899, 2. *man* H.] fehlt Hs. — 899, 4. nach E. Umstellung.
900, 3. nach Hagens Ergänzung; ebenso 901, 2. 3.
902, 1. von V. gebessert. — 902, 4. *ê*] *ê daz* Ausgaben und Hs. — *dem stade noch vil*] *noch dem stade* Hs.
903, 4. *mich vil*] fehlt Hs.; Z. E. M. P. *nu vil*, V. *vil*.
904, 4. *der* mit V. gestrichen. — *vol*] *wol* Hs. und Ausgaben.
905, 3. *bevelhen*] *bestaten* Hs. und Ausgaben. Vgl. oben S. 76.
906, 2. *niwan* V.] *wan* Hs. — 906, 4. *der frouwen*] *der* fehlt Hs. und Ausgaben. — *ze hûse*] fehlt Hs. und Ausgaben.
907, 1. *der degen*] fehlt Hs. — *es* V.] *ir* Hs. — 907, 3. *diu* mit V. gestrichen.
908, 3. *den* mit E. gestrichen. — 908, 4. *wâ* V.] *wie* Hs.
911, 1. *der degen* H.] fehlt Hs. — *sol man* V.] *man sol* Hs. — 911, 4. *kristen* mit V. gestrichen.
912, 3. von Z. umgestellt. — 912, 4. *wæren* V.] *waren* Hs. — *die*] *da in* Hs.
913, 2. *sam*] *also* Hs. — *die degene* V.] *den degen* Hs. — 913, 3. *den*] *und den* Hs. — *wart*] *muost* Hs.
914, 1. *vil* habe ich gestrichen.
915, 1. *hôrt man*] *man hôrte* Hs. und Ausgaben. — 915, 4. *beliben vil*] *beliben* fehlt Hs. und Ausgaben.
916, 2. *daz* V.] *des* Hs.

917, 2. *dar*] *dâ* Hs. und Ausgaben. — 917, 3. *lich*] *leichnam* Hs.
918, 1. *in got genâden*] *sy got begnaden* Hs. und Ausgaben. —
918, 2. *den*] *der anndern* Hs.
919, 2. *in des*] *auf* Hs., *ûf des* Z. E. V. — *recken* H.] fehlt Hs.
— 919, 3. *mê* mit E. gestrichen. — *herren* mit V. getilgt.
921, 4. *sô* Z.] *also* Hs. — *widere*] *wider* Hs. und Ausgaben.
922, 4. *gemeinlîchen* Z.] fehlt Hs.
923, 3. *gânt* E.] *giengen* Hs.
924, 2. *dâ* Z.] *daz* Hs. — 924, 3. *friunden*] *herren und freunden* Hs. — 924, 4. *der* E.] *des* Hs. — *ietslîchen*] *yeglichen* Hs. Es ist die gewöhnliche mhd. Ironie.
926, 2. *herren* V.] *hertzen* Hs.
927, 4. *sols der künic*] *sol sein künic* Hs.
928, 2. *idoch*] *noch* Hs. Die zweite Halbzeile zieht M. noch zum vorigen Satze!
929, 4. *daz*] *und daz* Hs.
930, 1. *froun* von E. gestrichen.
932, 1. *von* Z. ergänzt. — 932, 4. *ie wider eine in*] *in ye wider aine* Hs. und Ausgaben.
933, 3. *ez in*] *in* Hs. und Ausgaben. — 933, 4. *daz*] *vnd daz* Hs. und Ausgaben.
934, 4. *den helt*] *die helde* Hs. und Ausgaben.
935, 4. *vil* mit Z. gestrichen.
936, 1. Besserung Hagens; Z. und V. schreiben ungut anders. —
936, 4. *ich im* E.] *ich* Hs.
938, 2. *nâch den Tenemarken* Hs. ganz richtig; die Ausgaben lesen *nâch den von Tenemarke(n)*. — 938, 4. *von* von Z. gestrichen.
939, 2. *klageten — solden*] *klagete — solde* Ausgaben und Hs.
940, 2. *unze*] *unz daz* Ausgaben und Hs.
941, 1. *wanne möht*] *wann mocht* Hs. — 941, 3. *aldort in fremeden landen sitzen*] *in fr. l. s. aldort* Hs. und Ausgaben. — 941, 4. *ich armiu küniginne*] *ich vil a. künigin* Hs. und Ausgaben. — *mir mîn*] *mîn* Ausgaben und Hs.
942, 2. *vol* Z.] *wol* Hs. — 942, 3. *herverte* V.] *heerferten* Hs. —
942, 4. die Überlieferung ist lückenhaft. Die Herausgeber ergänzen auf verschiedene Weise. Ich lese *swaz halt die viende (grôzes schaden von uns) dort gewinnen*.
943, 1. *daz* E.] *des* Hs. — 943, 2. *langer tac*] *der tac ze lanc* Ausgaben und Hs. — 943, 3. *gedenke*] *gedenket* Ausgaben und Hs. —
943, 4. *dem wil i's*] *dem wais* Hs. — *dêr*] *der* Z. E. V., *daz er* M. P.

944, 2. *gedenke*] *gedenket* Ausgaben und Hs. — 944, 4. *unser*] *umb unser* Ausgaben und Hs.

945, 1. von V. umgestellt. — 945, 2. *Westerwalt* V.] *vesten wald* Hs.

947, 2. *der* V.] *er* Hs. — *gie* H.] fehlt Hs. — 947, 4. *hinnen wellen* E.] *dhainen willen* Hs.

948, 1. *güetliche*] *güetlîchez* Ausgaben und Hs. — 948, 4. *Ormanîn niht möhten trouwen*] *Ormanie nymmer m. getrawen* Hs.

949, 3. *beteliuten* V.] *petleute* Hs. — 949, 4. *Hilde*] *Hilde die* Hs.

950, 2. *wurken*] *mûren* Ausgaben und Hs. — 950, 4. von V. gebessert.

951, 3. *hœren* H.] fehlt Hs.

952, 3. *wunde:* Haupt (Z. 5, 506) bessert *tôwende.* — 952, 4. *mâze* V.] *massen* Hs.

953, 4. *entrunnen* H.] *einer ynnen* Hs.

954, 1. *zOrmanîe*] *Ormanie zu* Hs. und Ausgaben. — 954, 2. *freude erkant*] *freude* fehlt Hs.; Z. II. ergänzen *wol.* — 954, 3. von Z. umgestellt. — 954, 4. *ir einer*] *ir* fehlt Hs. und Ausgaben. — *Ormanie* von Z. gestrichen; es ist wieder Glosse.

955, 4. *müesten tôt* M. P. gegen die Hs. und mit Verschlechterung des Verses.

956, 1. *dô Ludewîc*] *dô* fehlt Hs. und Ausgaben. — 956, 4. *die* auf *daz liut* zu beziehen ist durchaus unanstößig, und daß es auf *kinden* und *wiben* bezogen werden müße, wie Müllenhoff (S. 21) meint, ist unrichtig.

957, 4. *ich wœn mit herter werre*] *ich wœn et hart verre* Hs. und Ausgaben. Haupt (Z. 5, 506) schreibt *ich hân et herte swære.* Die Überlieferung ist sicher unrichtig; ob *werre* das ursprüngliche war, ist zu bezweifeln, jedenfalls aber das von dem Überarbeiter, der den Inreim hier einführte, gesetzte. — *leide*] *leiden* Ausgaben und Hs.

958, 4. *beidiu* fehlt Hs. und Ausgaben; *niwan* ergänzen Z. E., *immer mêre* M. P.

959, 1. *ir* E.] *er* Hs. — 959, 3. von E. gebessert. — 959, 4. *gewinne*] *welle so gewinnen* Hs. und Ausgaben.

961, 3. *sinen* Z.] fehlt Hs. — 961, 4. *ir*] *er* Hs. und Z.; *er ir* V.

962, 4. *ir* Z.] fehlt Hs.

963, 4. *noch* Z.] fehlt Hs.; aber an falscher Stelle ergänzt.

964, 4. *lip und die*] *seinen l. und* Hs. und Z. E.; *lip und* V.

965, 3. *nâch den*] *leben nâch* Hs. und Ausgaben; ich habe *leben* an die Spitze der zweiten Hälfte gestellt. — 965, 4. *nu*] *vnd* Hs. und Ausgaben.

966, 2. *man*] *frawen* Hs. — 966, 4. *solde* H.] *solten* Hs.
967, 1. *ouch ir*] *ir* fehlt IIs. und Ausgaben.
968, 2. *nidene*] *nidere* Ausgaben und Hs. — 968, 4. *ir sult*] *solt* Hs.
969, 1. *nider* H.] *wider* IIs. — 969, 4. *daz ir ingesinde*] *daz gesinde* Ausgaben und Hs.
970, 2. *mich*] *meine* Hs.; *mîn freude* Ausgaben. — 970, 4. *vinden*] *daz ich... vinde* Hs. und Ausgaben; der Reim wurde auf diese Weise geglättet. *vil* mit V. gestrichen.
972, 1. *suochtens* H.] *schüttens* IIs. Umgekehrt setzt Nib. 6333 Hagen A *suochte* statt *schutte*. — 972, 4. *schône mit vil zierde*] *vil schone mit zierde* Hs. und Ausgaben.
973, 2. *Gêrlinde*] *Gerlint von Ortrûn* IIs.; P. *Gêrlinde ingesindes gwan.* — 973, 3. *frôwem*] *frolichem* Hs. und Ausgaben. Alle Herausgeber setzen die falsche Form *enphange*.
974, 4. *fuoren eine*] *eine*, das fehlt, habe ich an Stelle des an der Spitze stehenden *wann on* der IIs. gesetzt.
975, 2. vielleicht hieß es *môhte siz gefüegen*, wenn es in ihrer Macht gestanden hätte. — 975, 3. *diu* E.] *der* IIs. — 975, 4. *ab erz* E.] *er aber es* Hs.
976, 4. *done*] *do* Ausgaben und Hs. — *liez* V.] *hiess* Hs. — *ir grôziu*] *nicht ir vil grosse* Hs.
977, 3. *vil* habe ich gestrichen. — 977, 4. *die* mit E. gestrichen.
978, 2. *des*] *da* Hs., *dô* Ausgaben. — 978, 4. *ungerne* Z.] fehlt Hs.
979, 4. *harte sêre*] *harte* fehlt Hs. und Ausgaben.
980, 2. *ouch* mit Z. gestrichen.
983, 3. von Z. gebessert. — 983, 4. *beide leit*] *beide* fehlt Hs. und Ausgaben.
984, 4. von Haupt (Z. 5, 506) gebessert.
985, 1. *sie* Z.] fehlt Hs.
986, 4. *siu* V.] *seit* Hs.
987, 4. *lieze* E.] *liessen* Hs. — *machtes* E.] *machtens* Hs. — *alle sant*] *al zehant* Ausgaben und Hs.
988, 4. *wol* mit M. gestrichen.
989, 2. *mîn frou*] *fraw* IIs.; *frouwe* wie Z. E. schreiben, ist falsch. — *vil* von Z. gestrichen. — 989, 4. von Z. umgestellt.
991, 3. *minnen* V.] *gemynnen* Hs.; E. schreibt *gewinnen*. Vielleicht ist der echte *gerne geminne* (: *hinnen*); für *geminne* des Reimes wegen *welle geminnen*.
992, 1. *des landes*] *der lande* Ausgaben und Hs., um den Reim zu glätten. — 992, 2. *ze* E.] fehlt IIs.

993, 1. von H. ergänzt. — *übele* M.] *edel* Hs. — 993, 4. *hôchverte mâze*] *hôchvart müeze mâzen* Ausgaben und Hs.; wiederum des Reimes wegen.

995, 4. *sich wolde ir niht gelieben*] *sy wolt ir doch nicht gelauben* Hs. und Z. E. M. P., *si wolte ir niht gelieben* V. — *der* mit V. gestrichen.

996, 1. *übele* mit M. gestrichen. — 996, 3. *ericende*] *wende* Ausgaben und Hs. — 996, 4. *mîn phiesel eiten*] *hayten meinen phiesel* Hs., *mîn ph. heizen* M. P. *hayten* weist deutlich auf *eiten*; niederdeutsches ist mit Hahn nicht daraus zu folgern. Nach dieser Stelle habe ich auch 1009, 2. *eiten* statt *haitzen* geschrieben.

997, 2. *daz ich daz*] *daz ich* Hs. und Ausgaben. — 997, 4. *mîner muoter tohter selden*] *vil selten m. m. ewr t.* Hs.; *mîner muoter tohter* hat schon E.

998, 2. *des*] *daz* Hs. und Ausgaben. — 998, 4. *ê* V.] *ee es* Hs. — *megeden*] *meiden* Ausgaben und Hs.

999, 4. *beide* fehlt Hs. und Ausgaben. — *swechen* Hs.

1000, 4. *daz ichz ir ê*] *ich wolte ee daz ich sy* Hs.

1001, 3. *ius*] *euch sein* Hs. — 4. *minem dienste*] *mînen diensten* Ausgaben und Hs.

1002, 2. *sô*] *so hart* Hs.; alle Herausgeber schreiben falsch *harte gemuot*, es müßte wenigstens *herte gemuot* heißen. — 1002, 4, *ouch* V.] *auch ich* Hs.

1003, 2. *sô*] *also ze* Hs. — 1003, 3. *ob*] *sô* Hs. und Ausgaben. — 1003, 4. *niht gar úz der fr.*] *niht gar* steht vor *lâze* Hs.

1004, 4. *ewr* mit V. gestrichen.

1005, 4. *ungefüeger swære*] *ungefüegen swæren* Ausgaben und Hs.

1006, 3. *daz golt in die*] *golt in* Hs.; *die* hat schon E. ergänzt, aber ebenso darf vor *golt* der Artikel nicht fehlen. — 1006, 4. *michel* von mir ergänzt.

1007, 1. nach V. gebessert. — 1007, 2. *sunder*] *besunder* Hs. und Ausgaben. — *siu* von Z. ergänzt. — 1007, 3. *zOrtrúnen*] *in Ortrûn* Hs. und Ausgaben.

1008. 1009. habe ich umgestellt.

1008, 4. *hin* H.] fehlt Hs. — 1009, 2. *eiten*] *haitzen* Hs.; vgl. 996, 4.

1010, 1. *umb* Z.] *vnd* Hs. — 1010, 3. *hieze* E.] *hiessen* Hs.

1011, 4. *von* Z. gebessert.

1012, 2. *daz* E.] fehlt Hs.

1013, 2. *welch* V.] *welchs* Hs. — 1013, 4. *dâ* H.] *das* Hs.

1014, 2. *ius*] *euch* Hs. *si iu* V., *si iuch* (!) E. M. P.

1015, 1. *ey* mit V. gestrichen. — 1015, 3. *gebiten noch gebieten*]

gebieten noch verbieten Ausgaben und Hs. Vgl. Germania 8, 381. —
1015, 4. *hiete* E.] *hietten* Hs.
1016, 2. *der mâge*] *die mage* Hs. und Ausgaben. — 1016, 4. *ir den*] *irn* Hs.
1017, 2. *vlêgten*] *volgten* Hs.; *vlêhten* Haupt (Z. 5, 506).
1018, 1. *ie baz*] *ie* fehlt Hs. und Ausgaben. — 1018, 3. *rehte mit* E. gestrichen. — *sis*] *sys* Hs., *siz* Ausgaben. Vgl. mhd. Wb. 1, 597ᵃ. — *ende*] *enden* Ausgaben und Hs.
1020, 2. *drî stunde* V.] *zu dreyen stunden* Hs. — *ieclîchem tage*, Besserung Vollmers. — 1020, 3. *wol* habe ich gestrichen.
1021, 1. *sy* mit V. gestrichen. — 1021, 4. *von* Z. gebessert.
1023, 3. *dô wânde er Kudrûnen*] *du wannd er daz er* Hs.
1023, 4. *gerne* von mir ergänzt.
1024, 1. *si im*] *im sy* Hs. — 1024, 3. *G. diu übele*] *G. die sluog sy* Hs. und V., *G. diu sluoc sî dicke* Z., *G. sluoc sî dicke* E. — 1024, 4. *an êren*] *an grôzen êren* Ausgaben und Hs.
1025, 3. *swâ mite daz*] *daz* von mir ergänzt. — 1025, 4. von E. umgestellt.
1028, 1. von Haupt gebessert (Z. 5, 506). — 1028, 3. *êren*] *êre* Hs. und Ausgaben.
1029, 3. *al die*] *die* Hs. und Ausgaben. — 1029, 4. von E. umgestellt.
1031, 4. *immer*: Besserung Ziemanns. — *welle minnen*] *mynne* Hs. und Ausgaben; der Schreiber änderte des Reimes wegen.
1032, 3. *fuortet*: Besserung Ziemanns. — 1032, 4. *waz schaden iwer recken*] *w. ewre r. sch.* Hs.; anders die andern Ausgaben.
1033, 1. *iu*] *es* Hs., *ez* Ausgaben.
1034, 1. *was* V.] *ist* Hs.; aber V. nimmt die drei ersten Zeilen als Rede Kudruns. — 1034, 4. *harte* fehlt Hs. und Ausgaben.
1035, 3. *krône* E.] *die crone* Hs. — 1035, 4. *iu* H.] fehlt Hs.
1036, 2. *ê* mit V. gestrichen.
1037, 2. *die schœnen Ortrûnen*] *die vil schone frawen* Hs.; Haupt *die vil schœnen Ortrûn*. — 1037, 3. *gesinde* V.] *gesinden* Hs.
1038, 4. *doch enklage*] *clage* Hs. und Ausgaben.
1039, 2. *ir* V.] fehlt Hs. — 1039, 3. *ich ir neige*] *wil ich ir neigen* Ausgaben und Hs.
1040, 1. *sagte ir*] *sagte* Hs. und Ausgaben. — 1040, 3. *êren*] *êre* Hs. und Ausgaben.
1041, 3. von E. gebessert.
1043, 4. *bî*] *bey aines* Hs.

1044, 2. *ez entuo] es thûe dann* Hs. — 1044, 3. von Z. umgestellt. — 1044, 4. *senfte] senftet* Ausgaben und Hs. — *ir* E.] fehlt Hs. 1045, 3. *al* H.] fehlt Hs. — *sir] sy* Hs. und Ausgaben. — 1045, 4. *möhte noch] noch* fehlt Hs. und Ausgaben.
1046, 1. *bôt] empot* Hs. — 1046, 4. *Kûdrûn* fehlt Hs. und Ausgaben. 1047, 1. *irz* Z.] *ir* Hs. — 1047, 2. *si gedæhte ie] sy gedachte* Hs. und Ausgaben. — 1047, 3. *mit] vnd* Hs. und Ausgaben. — *dulde] dulten* Hs. und Ausgaben. — 1047, 4. *rach siu] sy iach* Hs., *sî rach* E. 1048, 2. *min frou] fraw* Hs.
1049, 3. von Z. gebessert. — 1049, 4. *gerne wesen lân] doch gerne lassen wesen* Hs.
1051, 2. *an sedele rāwen] an frawen sedele* Hs. und Ausgaben. — 1051, 3. *den* H.] fehlt Hs. — 1051, 4. *solt alle zît] alle zeit solte* Hs. 1052, 3. *sô* mit E. gestrichen. — 1052, 4. *nimmer] n. anders* Hs.; *anders* ist offenbar Glosse von *sus*.
1053, 3. *allen stunden] aller stunde* Hs. und Ausgaben.
1054, 2. von E. gebessert.
1055, 2. die Herausgeber weichen unnöthig von der Überlieferung ab und verderben den Vers. — 1055, 3. *dicke* mit Z. gestrichen. — 1055, 4. mit E. umgestellt.
1056, 2. *hêre* V.] *heren* Hs. — 1056, 3. *dâ mite dienen sol die] da mit sol dienen* Hs. V. wie ich aber ohne *die*. — 1056, 4. *K. diu arme] d. a. Ch.* Hs. und Ausgaben.
1057, 1. *eine weschen] ainer andern waschen* Hs., *eine ander* E. V. u. P. 1058, 4. *megeden] iunckfrawen* Hs. und Ausgaben. — Die zweite Hälfte von V. gebessert.
1060, 4. *die erbeitent*: Besserung Vollmers. W. Grimm (bei M.) liest *sie erbeitet*.
1061, 1. *erhôrte] gehôrte* Hs. und Ausgaben. — 1061, 3. *dich] sy* Hs. und Ausgaben. — *zallen stunden] zu aller stunde* Hs. und Ausgaben. — 1061, 4. nach V. umgestellt.
1062, 2. *niht eine] aine nicht* Hs. und Ausgaben. — *ein] eins* Ausgaben, *aines* Hs. — 1062, 4. *swie uns ... gelinge] lât uns ... gelingen* Ausgaben und Hs., wieder um den Reim zu glätten.
1063, 3. *vor ir mâge] ir vormagen* Hs.
1066, 4. nach Vollmers Ergänzung.
1067, 4. *baz dâ von] dâ von* fehlt Hs. und Ausgaben.
1068, 4. *frouwen* mit V. gestrichen.
1069, 1. *Sô] Da* Hs., *dô* Ausgaben. — 1069, 4. *het in der werlde] in der welt hetts* Hs.

1070, 2. *sehstehalbez*] *sehstehalp* Ausgaben und Hs. — 1070, 4. *iâmerlîche*, Besserung Ziemanns.
1071, 4. *von* V. gebessert.
1072, 3. *kocken* H.] fehlt Hs.
1073, 1. *het*, Besserung Ziemanns. — 1073, 3. *siu ir*] *sy* Hs. —
1073, 4. *rehte wol*] *rehte*, am Anfange der Zeile, Hs.
1074, 4. *mit kleidern ir boten*] *ir poten mit cl.* Hs.
1075, 4. nach V. ergänzt.
1076, 3. von V. gebessert.
1077, 1. von V. gebessert. — 1077, 4. nach Müllenhoffs Besserung.
1078, 1. von E. gebessert. — 1078, 4. *daz erbarmet*] *daz* fehlt Hs. und Ausgaben.
1079, 1. *wol* von Z. gestrichen.
1080, 1. *nu solt du bote guote*] *du pot solt* Hs.
1081, 4. *der frouwen*] *frawen* Hs.
1082, 1. *strîtennes*] *streites* Hs. und Ausgaben. — 1082, 4. *des* habe ich gestrichen.
1083, 2. *ir friunden* W. Grimm bei M.] fehlt Hs. — 1083, 4. *wolden nâch der sch. Kudrûnen*] *n. d. sch. Chaudrunen w.* Hs.
1084, 2. *skûniges* Z.] *des kuniges* Hs. — 1084, 3. Besserung Ziemanns. — 1084, 4. von V. gebessert.
1085, 2. *wîbes* H.] fehlt Hs. — *klage*] *klagen* Ausgaben und Hs.; vgl. 1020, 2. — 1085, 3. das zweite *ich* habe ich gestrichen. — 1085, 4. von Z. gebessert, der aber *noch* nicht vor *von*, sondern mit der Hs. nach *hœret* hat. M. schreibt wie die Hs., wo *kinde* accus. plur. sein müßte.
1086, 3. *stê der*] *stêt* Hs. und Ausgaben.
1088, 4. *joch* Z.] *yedoch* Hs. — *dâ gelinge*] *muge da gelingen* Hs. und Ausgaben.
1089, 1. *dô hiez daz*] *da hiess do* Hs.; *do* erklärt sich aus *dr.* — 1089, 2. *hête frou Hilde*] *fraw H. hette* Hs. — 1089, 3. *helden* von E. gestrichen.
1090, 2. *dâ*] *wo* Hs., *swâ* Ausgaben. — *wirs* Z.] *wir* Hs. — 1090, 3. von Z. gebessert. — 1090, 4. *hin mit*] *mit* Hs. und Ausgaben.
1091, 2. *wart* fehlt Hs.; *was* ergänzt H. und die andern.
1092, 4. *ûzer*] *aus* Hs.
1093, 3. *einiu* H.] fehlt Hs.
1094, 1. *weinde*] *bewainte* Hs. und Ausgaben. — 1094, 2. *vil* mit V. gestrichen. — 1094, 3. *wolde niht tragen*] *n. tr. w.* Hs. — *grôze* H.] *crone* Hs.

1095, 1. *daz liut was*] *die leut waren* Hs. — 1095, 4. *K. bruoder*] *Ch. Ortweinen* Hs., *Ch. bruoder* O. H. *Ortwînen* ist offenbar Glosse.
1096, 4. Besserung Ettmüllers.
1098, 3. *dô*, von Z. ergänzt.
1099, 2. *umbe*] *darynn* Hs.; *dar umbe* Haupt, der ausserdem fehlerhaft *swie — swen* schreibt. — 1099, 4. von Haupt ergänzt.
1100, 4. *kæme*] *kome* Hs. und E. V. *kume* Z. M. P.
1101, 2. *diu frouwe*] *fraw* Hs., *frou* Ausgaben. — 1101, 3. *der* H.] *den* Hs. — *vlizzen*] *vlizzen si* Z. Hs., *vlizzens* E. V. M. P.
1102, 1. von H. ergänzt.
1104, 3. von V. gebessert.
1105, 4. nach V. ergänzt.
1106, 2. von Z. umgestellt. — 1106, 3. *ez zæme*] *es getzam* Hs. und Ausgaben. — *mâzen* H.] fehlt Hs. — 1106, 4. *bresten*] *gebresten* Ausgaben und Hs.
1107, 4. *die recken* fehlt Hs. und Ausgaben.
1108, 3. 4. *solden : wolden*] *wolten : solten* Hs. und Ausgaben.
1109, 1. *die wâren*] *die* fehlt. — 1109, 4. von Z. gebessert.
1110, 4. *solde* V.] *solten* Hs.
1112, 4. *irs im* V.] *ir sein* Hs. — *irm*] *ir im* Hs.
1113, 2. *ir helde vil*] *der helt aus vil* Hs. Vielleicht aber ist der Inreim erst eingefügt, und es hiess *der helt ûz Ortlande.* — *der*] *er* Hs. und Ausgaben. — 1113, 4. *beginnes*] *begynnet sein* Hs. und Ausgaben. — *ir im guote recken*] *ir g. r. im von* Hs.
1115, 2. *vol* H.] *wol* Hs. — 1115, 4. *richen* V.] fehlt Hs.
1116, 1. *der*] *den ir* Hs. — 1116, 3. *joch* M.] *auch* Hs.
1117, 2. *hie die*] *die* Hs.; vgl. 1118, 1.
1118, 2. *vil der frouwen*] *der frawen vil* Hs. und Ausgaben.
1120, 1. *ergê : Karadê*] *ergie : Karadie* Hs. und Ausgaben. — 1120, 2. *dâ her von*] *von* Hs., *dâ von* Z. — 1120, 4. *dietdegene*] *degene* Hs. und Ausgaben.
1121, 3. *einer*] *zu ainer* Hs. und Ausgaben. — 1121, 4. *gegap*] *gab* Hs. und Ausgaben.
1122, 1. *abe den*] *von den* Hs. und Ausgaben. — 1123, 4. von Z. gebessert.
1124, 1. *beste*] *aller beste* Ausgaben und Hs. — 1124, 2. *von in*] *in* Hs., *kunt getân* E. V. — 1124, 3. *arbeiten* Z] *arboits* Hs.
1128, 2. *komen sô verre*] *s. v. k.* Hs. und Ausgaben. — 1128, 3. *von kinde*] *von kinden* Hs. und Ausgaben.
1129, 3. *mite* H.] fehlt Hs. — 1129, 4. *harte* V. fehlt Hs.

1130, 1. *hôrte* V.] fehlt Hs.
1131, 2. *vil wîse*] *vil* fehlt Hs. und Ausgaben. — 1131, 4. von V. umgestellt.
1132, 1. *mir* Z.] *wir* Hs. — *galinê* nimmt Müllenhoff (S. 49) als Nebenform von *galie, galeide!* — 1132, 2. *an*] *von* Hs. — 1132, 3. *niuwere ê*] *swîer* Hs. — 1132, 4. *von*] *vor* Hs. und Ausgaben. — *ûzer nôt*] aus Hs.
1133, 4. *vorhten in*] *in* fehlt Hs. und Ausgaben.
1134, 1. von E. gebessert. — 1134, 2. *des*] *da* Hs. — *ûzer nôt*] aus *grosser not* Hs. und Ausgaben.
1135, 4. *den* V.] *dem* Hs. — 1136, 4. *nu gerunnen*] *nu* in der Hs. und den Ausgaben nach *wâren*.
1139, 1. *rief*] *ruoft* Ausgaben und Hs. — 1139, 4. *allez* mit Z. gestrichen.
1141, 2. *berc* Hs.] *pauch* Hs., *buoch* E. (?), *houc* V. Der umgekehrte Fall Nib. 6215, wo *d* statt *bouc* liest *perc*.
1142, 1. *vor* V.] *von* Hs. — 1142, 4. *niht enkunde*] *kunde* Hs.
1143, 3. *gein dem tanne*] *in tan* Hs., *in den tan* Ausgaben. — 1143, 4. *manne*] *man* Hs. und Ausgaben.
1144, 3. *warte*] *schawet* Hs. und Ausgaben. — 1144, 4. *war* E.] *wo* Hs.
1145, 3. von Z. gebessert. — 1145, 4. *mittes tages* Z.] *mittages* Hs.
1147, 2. *hoeret*] *gehoeret* Hs. und Ausgaben.
1148, 4. *in* V.] *im* Hs. — 1149, 1. *den sant*] *dem sant* Hs. und Ausgaben. — 1149, 3. *dâ* H.] fehlt Hs. — 1149, 4. von V. umgestellt. Müllenhoff (S. 187) nimmt *küelen* als entstellt aus *queln*.
1150, 4. *in niht*] *in* fehlt Hs. und Ausgaben.
1151, 2. *râtes*] *rate* Hs., *raete* Ausgaben.
1152, 3. von M. umgestellt. — 1153, 1. von E. gebessert.
1154, 4. *allem dem*] *all disem* Hs. — *gedigene* H.] *gedinge* Hs. Derselbe Fehler Nib. 5783.
1155, 2. *aber* Z.] fehlt Hs. — 1155, 1. *einen tac ich nimmer*] *ich n. e. t.* Hs. und Ausgaben.
1156, 1. *ein*] *eins* Ausgaben und Hs. — 1156, 3. *und* habe ich gestrichen. — 1156, 4. von V. umgestellt.
1157, 1. *ergê ez*] *ez* fehlt Hs. und Ausgaben. — 1157, 2. *sît friunt friunde angstlîchen dienen sol* V. Z. und Hs.; E. *dienen angestlîchen*, wenigstens den Vers bessernd. Aber *angestlîchen* hat hier schlechten Sinn. In *angest* liegt *gestân*, und die Vergleichung von Nib. 1739, 2, auf welche Stelle schon V. verwiesen hat, ohne mit ihrer Hilfe zu

bessern, führt auf *sît daz friunt friunde gestân mit dienste sol*. Statt *mit dienste* könnte man auch lesen *dienstlîchen*, was sich der Überlieferung noch näher anschließt.

1158, 2. von Z. gebessert. — 1158, 3. *besten* : die Hs. hat *pesten*; wofür E. V. M. P. ungut schreiben *resten*. — *eide*: Besserung Hagens. — 1158, 4. nach E. ergänzt.

1159, 2. *werde*] vielleicht *wirt*; vgl. 1257, 2. — 1159, 3. *mit dem*] *dem* fehlt Hs. und Ausgaben.

1160, 2. *erbünne man uns lebenes*] *gunnet man uns ze lebene* Ausgaben und Hs.; *gunne* V. P. — 1160, 4. *künic* habe ich gestrichen.

1161, 4. *des* mit V. gestrichen. — 1162, 4. *Ormanîn* M.] *Ormanîe* Hs.

1163, 3. *daz* V.] *da* Hs. — 1164, 3. *den* mit V. gestrichen.

1167, 3. *ich bin ein bote dir*] *ich pote* Hs.; *bin ein* von H. ergänzt — 1167, 4. *allen* fehlt Hs. und Ausgaben; vgl. 1179, 4.

1168, 2. *alsam* Z.] *allesam* Hs. — 1169, 3. *gefrâgen*] *fragen* Hs. und Ausgaben. — 1169, 4. *mich dir*] *der* vor *her* Hs. und Ausgaben.

1170, 2. *als siu gên gote ir venie tæte*] *als tet g. g. ir venie* Hs. — 1170, 3. *sô wol*] *o wol* Hs. und Ausgaben.

1171, 1. *hât krist*] *Crist hat* Hs. — 1171, 1. *her* mit E. gestrichen. — 1171, 3. *du* M.] *nu* Hs.

1172, 3. von V. gebessert. — 1173, 4. *vil harte*] *vil* fehlt Hs. 1174, 1. *wol* mit E. gestrichen. — 1174, 2. *die* H.] fehlt Hs. 1175, 1. *nu sage mêre*] *du sagest mare* Hs. — 1175, 3. *du* Z.] fehlt Hs. — 1175, 4. *ich ouch*] *ouch* steht vor *mines* Hs. und Ausgaben.

1176, 4. *verhouwen*] *zerhawen* Hs. und Ausgaben.

1177, 1. von E. gebessert. — 1178, 2. *daz mich daz ist*] *das ist mir* Hs. — 1178, 4. *ûz den*] *mich aus* Hs.

1179, 4. *bî* V.] *von* Hs. — 1180, 4. *deichs*] *daz ich sein* Hs. 1181, 4. *dem* H. *lande*] *den H. landen* Ausgaben und Hs.

1182, 4. *den alden Fruoten*] *F. den a.* Hs. und Ausgaben. — *miner muoter* E.] *meinem* Hs.

1183, 4. *friunde keiner* V.] *freunde dhainen* Hs.

1186, 1. *scheiden hin*] *hin* fehlt Hs. und Ausgaben. — 1186, 3. *mit* V.] *in* Hs.

1187, 4. *magedîn vil*] *magen* Hs., *magedîn* Z. E., *magede* V.

1188, 1. *der het*] *hette* Hs. — 1188, 2. *vil* von Z. gestrichen. — 1188, 3. *der*] *von der* Hs. und Ausgaben.

1189, 2. *sô seine*] *seine* Ausgaben und Hs. — 1189, 4. *weine*] *beweine* Ausgaben und Hs. Müllenhoffs Änderung *wæn daz* ist ungut.

9

1190, 3. *dicke*] *offt vil* Hs., *ofte* V., *vil* E. M. P. — 1190, 4. *in vil deste mêre*] *ofte iu deste* Ausgaben und Hs.; vgl. 3.

1192, 3. *wîziu niht*] *nikt wîz* Ausgaben und Hs.

1194, 3. *niwan* Z.] *nun* Hs. — 1194, 4. *âne küsse ligen*] *l. a. k.* Ausgaben und Hs.

1195, 1. *dicke* von Z. gestrichen. — 1195, 3. *sie wœn* V.] *wann sy* Hs., *wœn sî* E. — 1195, 4. *dar ze lande* fehlt Hs.; *dar* H. Z. V., *dar ze helfe* E.

1196, 2. *ie* V.] *hie* Hs. — 1197, 3. *âbendes* Z.] *abent* Hs. - 1197, 4. *vil*] *gar* Hs. und Ausgaben.

1198, 3. *sô*] *da* Hs., *dô* Ausgaben. — 1201, 1. *hôrte* Z.] *horten* Hs. — 1201, 3. *nu saget war umbe*] *nu saget* fehlt Hs. und Ausgaben; vgl. 1276, 1.

1202, 1. *vil* von Z. gestrichen. — *war* H.] *wo hin* Hs. — 1202, 2. *hinaht*] *heut* Hs., *hinte* V. — 1202, 4. *hinte* V.] *heint* Hs.

1203, 4. *werret* Z.] *weret* Hs. — 1204, 4. *vil edelen*] *ellenden* Hs., *edelen* V.; vgl. 1250, 2.

1205, 4. *nu* habe ich gestrichen; vielleicht ist *hie* zu lesen; vgl. 1253, 4.

1206, 3. *ir vater lande*] *vater* fehlt Hs. und Ausgaben. — 1206, 4. *diu r. küniginne*] *die vil r. künige* Hs.

1207, 3. *diu jrouwe*] *fraw* Hs. — 1208, 1. *vil* mit V. gestrichen. 1208, 2. *inneclîche* V.] *jammerliche* Hs. — 1208, 3. *boten die*] *die boten* Ausgaben und Hs.

1209, 4. *hie* mit E. gestrichen. — 1210, 1. *diu frouwe*] *fraw* Hs. — 1210, 4. *beide* mit E. gestrichen.

1211, 3. *weschen* P.] *weschin* Hs. — 1212, 2. *weschen*] *wescherin* Hs. 1213, 4. *sînem* E.] *seiner* Hs. — 1214, 3. *valsches âne* Hs.] *on valsch* Hs. — *durch aller megede êre*] *allen maiden tuot es ze êren* Hs. und Ausgaben. Vgl. oben S. 59.

1215, 3. *nu* mit V. gestrichen. — 1215, 4. *swie des*] *des* Hs. und Ausgaben. — *nu* habe ich gestrichen.

1216, 4. *wâren*] *wâren in* Hs. und Ausgaben; vgl. 33, 4. — *wurren in die*] *wâren die kalten* Ausgaben und Hs.

1217, 1. *der*] *do der* Hs. und Ausgaben. — 1218, 1. *ir* von V. gestrichen. — 1218, 4. *dicke wê*] *wê* Hs. und Ausgaben.

1220, 4. *und* mit M. gestrichen. — *meiden* E.] fehlt Hs.

1221, 4. *immer* von mir gestrichen. — 1222, 1. *daz* mit V. gestrichen. — 1222, 3. *soldet* Z.] *solt* Hs. — 1222, 4. *weschen* V.] *weschin* Hs.

1223, 3. *swes*] *waz* Z. V. P. und Hs., *wes* E.
1225, 3. Derselbe Fall, nur hat hier die Hs. *wes*, ebenso die Ausgaben.
1226, 3. *âne* Z.] *ainer* Hs. — *sô* H.] fehlt Hs. — 4. *niemen* H. Z.] *yeman* Hs.
1227, 3. von Haupt gebessert. — 1227, 4. *in* E.] *im* Hs.
1228, 1. *sie* H.] fehlt Hs. — 1228, 3. *möhten* von E. gestrichen.
1229, 3. *ligende* Z.] *ligen* Hs. — 1229, 4. *geriten inder*] *indert geriten von* Hs.
1230, 2. *wiu* Haupt] *wem* Hs. — *recken*] *helde* Hs. und Ausgaben. — *sô* Haupt] fehlt Hs.; ebenso 3. — 1230, 4. *miner selde* V.] *meinen selden* Hs. — *ein*] *aines* Hs.
1231, 3. *Hegelinge* V.] *Hegelingen* Hs. — 1231, 4. *alle zîte* V.] *ze allen zeiten* Hs.
1232, 1. *dô* V.] *doch* Hs. — 1233, 1. *diu* V.] fehlt Hs. — 1233, 3. *suln* V.] *sol* Hs. — 1233, 4. *siz*] *sy sich* Hs. und Ausgaben. — *ofte unde* mit Z. gestrichen.
1234, 3. *harte*] *ofte* Hs. und Ausgaben; M. streicht es. — 1234, 4. *er* E.] *es* Hs. — *vil* mit M. gestrichen.
1237, 4. *siu wæn* V.] *ich wan sy* Hs. — 1238, 2. *lebend·*] *lebentig* Hs. — 1238, 3. *oder* mit V. gestrichen.
1239, 3. *noch* V.] *nach* Hs. — *der stunde*] *den stunden* Hs. — 1239, 4. *al der* E.] *aller* Hs. — *ir* von Z. gestrichen.
1240, 4. *gar* fehlt Hs. — 1241, 1. *si sprach* mit V. gestrichen.
1241, 2. *einen*] *ainen den* Hs. und Ausgaben. Vgl. 414, 2.
1242, 1. *die*] *die mit* Hs. — 1242, 2. *gevangen*] *wart gevangen* Hs. und Ausgaben. — *gefuorte*] *vnd gefüeret* Hs. und Ausgaben. — 1242, 4. *grôzen* mit E. gestrichen.
1243, 3. von Z. umgestellt. — 1244, 1. *weinende beide vor ir*] *baide vor ir wainen* Hs. und Ausgaben. — 1244, 2. *vil* mit V. gestrichen. — *siu* fehlt Hs. und Ausgaben. — 1244, 4. *iu*] *ewr* Hs.; *iwer* Ausgaben. Derselbe Fehler in d. Nib. 4931. 8274.
1245, 2. von E. umgestellt. — 1246, 3. von V. umgestellt. — 1246, 4. *er* V.] *der* Hs. — *lebende*] *lebentig* Hs.
1247, 2. *ich*] *ich Herwig* Hs. und Ausgaben; *Herwîc* ist Glosse zu *sô*.
1248, 3. *ir* Z.] fehlt Hs. — 1248, 4. *diu frouwe*] *fraw* Hs.
1249, 2. *vor* V.] *bevor* Hs. — 1249, 3. *mir min*] *main* Ausgaben und Hs.
1251, 4. von E. ergänzt. — 1252, 4. *niwan*] *wan* Ausgaben und Hs. — 1253, 4. *immer* mit V. gestrichen.

1254, 3. *iht*] *ie* Ausgaben und Hs. — 1254, 4. *in minnen*] *in nemen* V., *nemen* Hs. — *sît* von mir gestrichen.
1255, 1. *verjehen* V.] *jehen* Hs. — 1255, 3. *boz dar an*] *als wol* Hs., aus der vorhergehenden Zeile wiederholt. — 1255, 4. *der veste* V.] *den vesten* Hs. — *hinnen* fehlt Hs. und Ausgaben.
1256, 3. von V. gebessert; ebenso 1256, 4. — 1257, 4. *ir deheine*] *deheine* Ausgaben und Hs.
1258, 1. *hie*] *danne hie* Hs. und Ausgaben. — 1258, 3. *deis*] *des* H.
1259, 4. *mit swerten*] *mit der swester mein* Hs. Der Vers verlangt diese durchaus sachgemäße Änderung.
1260, 3. *deheine die*] *dhain* Hs.
1261, 3. nach V. ergänzt.
1262, 1. von V. gebessert. — 1262, 2. *mir* von Z. gestrichen.
1263, 2. *rief*] *ruoft* Ausgaben und Hs. — 1263, 4. *mich arme*] *mich* Hs. und Ausgaben. — *ich weise mich getrœsten*] *ich mich armer wayse trœsten* Hs.
1264, 3. *ê des morgens schîne*] *ee es morgen scheinet die sûnne* Hs., *ê morgen schint diu sunne* Ausgaben. Das von Hagen ausgeworfene *es* und die unerlaubte Kürzung *schînt* führt auf die Besserung. Der Schreiber verstand *ê* nicht als Präposition. — 1264, 4. *mîner küenen helde*] *helden* Hs., *mînen küenen helden* M.
1265, 2. *herter* V.] *hertes* Hs. — 1265, 3. *dan* V.] *als* Hs. — 1265, 4. *verriste*] *aller verriste* Hs.
1266, 2. von Z. gebessert. — 1266, 4. *daz* E.] *des* Hs.
1267, 4. *so getet siu* V.] *sy getet* Hs.; *so* steht nach *schlegen*. Die folgenden Worte stellt V. unnöthig um. Müllenhoff S. 53 will *si getet mit slegen uns noch leider (!)*.
1268, 2. *immer*] *nymmer* Hs. und Ausgaben.
1270, 4. *ê*] *da für* Hs. — 1273, 3. Die Änderung Haupts (Z. 506) *si truoc driu kleider* ist nicht statthaft; vgl. 1189, 2.
1274, 2. von Z. gebessert. — 1274, 2. *weschen*] *wescherin* Hs.; vgl. 1212, 2. — *swinden*] *swinde* Ausgaben und Hs.
1277, 1. *lieget* V.] *beget* Hs.; vgl. 1278, 1. — 1277, 2. nach V. ergänzt. — 1277, 3. *iemen* Z.] *nieman* Hs.
1279, 2. *nicht* von E. gestrichen. — 1279, 3. *allen* mit V. gestrichen. — 1279, 4. *sô*] *also* Hs. — *vil lîhte*] *nu* Hs.
1280, 1. *übel* von Z. gestrichen. — 1280, 3. von V. gebessert; ebenso 1280, 4. — 1280, 4. *anderen*] *ander* Ausgaben und Hs.
1282, 3. *ûz ziunen* V.] *anziehen* Hs. — *unde*] *vnd aus dornen* Hs.; *ûz dornen* ist wiederum nur eine Glosse des Ausdruckes *ûz ziunen*.

Z. E. M. P. schreiben *dô hiez sis ûz ziehen, ûz dornen besemen binden,*
V. *ilz ziunen dorne brechen und b. b.* — 1282, 4. *duo*] *die* Hs.
1283, 1. *siu sie*] *sys* Hs. — 1283, 4. *die begunden* E.] *die* fehlt Hs.
1284, 4. *es wirt iu*] *es wirt sein* Hs. — 1287, 4. *mêre* V.| fehlt Hs.
1288, 1. *die dô*] *die sô* Hs. und Ausgaben. — 1288, 3. *der* V.]
die Hs. — 1288, 4. *dannen* V.| *danne* Hs.
1290, 2. *gæbe*] *gaebe dir* Ausgaben und Hs.; *botenbrôt* 'als Botenlohn'.
1292, 3. mit V. umgestellt. — 1292, 4. von E. gebessert.
1294, 2. *sô* H.] fehlt Hs. — 1294, 3. *wesche*] *wescherin* Hs. und
Ausgaben. — 1294, 4. *zæme* V.] *getzam* Hs. — *ze* habe ich gestrichen.
1295, 1. von V. gebessert. — 1295, 3. *i'u*| *ich* Hs., *iu* Ausgaben.
1298, 1. *daz* H.] fehlt Hs. — 1298, 3. *swed sô*] *wie* Hs., *wie so* H.,
wie Ausgaben.
1300, 1. *dâ* mit der Hs.; alle Ausgaben haben *dô H. si sach* und
ziehen es zum folgenden Satze.
1301, 3. *mîner* Z.] *meinem* Hs. — 1301, 4. *dâ* E.] *daz* Hs.
1302, 3. *ingesinden*] *ingesinde* Hs. und Ausgaben. — 1302, 4. von
Haupt ergänzt (Z. 5, 506).
1303, 3. *künnes*] *kunne* Hs.; *ûz H. künne* schreibt M. — 1303, 4.
nach E. umgestellt. — *durch daz*] *darumbe daz* Hs.
1304, 1. von H. umgestellt. — 1304, 3. *man* H.] fehlt Hs.
1305, 4. *im* E.] *in* Hs. — 1306, 1. *einen* V.] fehlt Hs. — 1306, 3.
von V. gebessert. — 1306, 4. *ingesinde*] *juncfrouwen* Ausgaben und Hs.;
der Schreiber irrte in die vorige Zeile hinüber.
1307, 3. nach V. gebessert. — 1307, 4. *leide* fehlt Hs. und Ausgaben.
1308, 4. *weschen*] *wescherin* Hs. und Ausgaben.
1309, 2. *sô* V.] *also* Hs. — 1309, 4. *swar* Z.] *wo hin* Hs.; das
übrige nach V. gebessert.
1310, 2. von H. gebessert. — 1311, 4. *ich mich*] *ich* Hs. und
Ausgaben.
1312, 1. *küntlichen*] *kintlichen* Hs. und Ausgaben. In anderer
Weise wird dasselbe Wort Nib. 6180 in *d* entstellt, *kurzlîchen* statt
küntlîcher. — 1312, 3. von Haupt gebessert. — 1313, 4. *mîne* E.] *ewr*
Hs. — *iwer recken danne*] *d. i. r.* Ausgaben und Hs.
1314, 1. von V. gebessert. — 1314, 3, *diu*] *dest* Hs.
1315, 2. das zweite *nu* mit E. gestrichen. — 1315, 4. *sy* mit Z.
gestrichen.
1316, 1. *da* mit V. gestrichen. — 1316, 3. von Z. gebessert.
1318, 1. *begunde* V.] *begunden* Hs. — 1320, 4. *allen ir sinnen* V.]
all irem synne Hs.

1321, 1. *vil schiere*] *vil* fehlt Hs. und Ausgaben. — 1321, 4. *diu schœne*] *diu* Ausgaben und Hs.
1323, 2. *ir* Z.] fehlt Hs. — 1323, 4. *wœn* V.] *warn ich daz* Hs.
1325, 4. von M. umgestellt. — 1326, 2. *alsam*] *als* Hs. und Ausgaben. — 1326, 4. von V. umgestellt.
1327, 2. *was ir*] *war er* Hs. — 1327, 3. *der m. meide* E.] *die m. maiden* Hs.
1329, 3. *frouwen* mit V. gestrichen. — 1330, 2. *dô der für*] *dur für* Hs. — 1330, 3. *sô* Z.] *also* Hs. — 1330, 4. *deiz*] *daz* Hs.
1331, 4. *friunden liebe*] *vil lieben* Hs. — 1332, 2. *denken*] *gedenken* Ausgaben und Hs. — 1332, 4. *künde mich der naht*] *n. d. n. verkünde* Hs.
1334, 1. *dô* V.] *da mit* Hs.
1335, 2. *balde* habe ich gestrichen. — 1335, 4. *ûzer*] *ûz* V.] fehlt Hs.
1339, 1. *hie ist*] *ist hie* Hs. und Ausgaben. — 1339, 3. *ûz* V.] fehlt Hs.
1340, 4. *úf der schunde*] *schande* Hs. und Ausgaben.
1341, 4. *frawen* mit Z. gestrichen.
1342, 1. *gesach*] *sach* Hs. und Ausgaben. — 1342, 3. *alle* V.] *allen* Hs. — 1342, 4. *wizzet niht*] *niht* fehlt Hs. und Ausgaben. — *niht ze*] *ze* fehlt Hs. und Ausgaben.
1344, 4. *Ormanieriche*] *Ormanie* Hs. und Ausgaben.
1345, 1. *dâ* V.] *das* Hs. — 1345, 3, *ich noch*] *noch* fehlt Hs. und Ausgaben.
1346, 4. von Z. umgestellt. — 1348, 4. *daz* mit V. gestrichen.
1349, 1. *sigen*] *gesigen* Hs. und Ausgaben. — 1349, 2. *sô sprach*] *sô* fehlt Hs. und Ausgaben. — *sich niht verligen:* Besserung Ettmüllers. — 1349, 4. *morgen* H.] fehlt Hs. — *guote recken* mit Z. gestrichen; oder man müßte schreiben *daz iuch guote recken iht ensûme.*
1350, 1. *ouch* V.] *auf* Hs. — 1350, 4. *so* mit V. gestrichen.
1351, 1. *so* Haupt] *da* Hs. — 1351, 2. *zen rossen*] *ze rossen* Hs. — 1351, 3. *bereite*] *bey raite* Hs.
1352, 1. *swaz* V.] *wes* Hs. — *riet*] *geriet* Hs. und Ausgaben. — 1352, 2. *von ir fröweden schiet*] *schiet* Hs.; der Ausfall erklärt sich durch die Ähnlichkeit von *frowen · froweden.* — 1352, 3. *dem h. strîte*] *den h. strîten* Ausgaben und Hs. — 1352, 4. *næhsten tages*] *nahtes* Hs. und Z. E., *tages* V.
1353, 1. *stunt* V.] *mal* Hs. — 1353, 3. *mîn dâ*] *alle mein* Hs., *mîn* E. V. *dâ,* auf den Rossen.
1354, 3. *swiez* V.] *wann es* Hs. — 1354, 4. *dâ* V.] *doch* Hs.
1355, 2. *stân*] *gestân* Ausgaben und Hs. — 1355, 4. *miete* V.] *mære* Hs.

1356, 2. *und* habe ich gestrichen. — 1357, 2. *sy sprach* mit H. gestrichen.
1358, 3. *mære* mit E. getilgt.
1359, 2. *von*, von E. gestrichen. — 1359, 3. von Z. umgestellt. — 1359, 4. von V. umgestellt.
1360, 1. *meister*] *maists tail* Hs., *meist teil* Z. E., *meiste* V., *meistez* M. P. — 1360, 4. *her künic*] *ir küene* Hs. und Ausgaben.
1361, 1. *daz*] *künig* Hs.
1363, 2. *alle*] *alles* Hs.
1364, 4. *mîne Haupt*] *inne* Hs.
1365, 4. *daz* mit Z. gestrichen.
1367, 2. *die* H.] fehlt Hs. — 1367, 4. *sich* H.] *sein* Hs. — *wol*] *vil wol* Hs. und Ausgaben.
1368, 1. *ein* H.] fehlt Hs.
1369, 1. *der von*] *der vorn von* Hs., *der voget von* Ausgaben. — 1369, 2. *küene* H.] fehlt Hs. — *kun* V.] *kun* Hs. — 1369, 3. *werben*] *erwerben* Hs. und Ausgaben. — 1369, 4. *ist der helde*] *d. h. l.* Hs. und Ausgaben.
1370, 4. *gefüeret wider morgen*] *w. m. g.* Hs. und Ausgaben.
1372, 3. von E. umgestellt.
1373, 1. *der ist* mit V. gestrichen.
1374, 4. *ir* V.] fehlt Hs.
1375, 4. *den* E.] fehlt Hs.
1376, 4. *garten* H.] *gurten* Hs.
1377, 2. *übele guot*] *übel und guot* Ausgaben und Hs. — 1377, 4. *ir einiu*] *ir* fehlt Hs. und Ausgaben.
1378, 4. *zuo in dar*] *dar* fehlt Hs. und Ausgaben.
1379, 4. *daz gesteine*] *gesteine* Ausgaben und Hs. — *dem* E.] fehlt Hs. — *die* Z.] fehlt Hs.
1380, 3. *wândet*] *maynet* Hs., *meinlet* E.
1381, 3. *dîniu* H.] *dein* Hs.
1382, 2. *diu*] *dester* Hs. — 1382, 3. *gesippen*] *gesipter* Hs. und Ausgaben. — 1382, 4. *ir ie*] *ie* Ausgaben und Hs. — *zehene* H.] fehlt Hs.
1384, 1. *dem*] *den* Hs. und Ausgaben. — 1384, 3. von V. gebessert.
1385, 3. *ich* V.] *ichs* Hs. — *swerte*] *mit schwerten* Hs., *der swerte* V.
1386, 4. *ersterben*] *sterben* Hs. und Ausgaben. — *dem* E.] fehlt Hs.
1387, 3. *lât hiute*] *h. l.* Hs. und Ausgaben. — 1387, 4. *guotes* V.] *guten* Hs.
1389, 2. von E. gebessert. — 1389, 4. *den* Z.] *dem* Hs.
1391, 1. *vieren*] *vier* Hs. — 1391, 4. von V. umgestellt.

1393, 4. *recken* W. Grimm] fehlt Hs.

1394, 2. von H. gebessert; mit Unrecht weichen Z. E. M. P. davon ab. — 1394, 3. *ûz der mûre möhten*] *möhten ûz d. m.* Ausgaben und Hs. — 1394, 4. *der schœnen Hilden*] *der H.* Hs., *daz H.* Ausgaben.

1395, 4. *recken* fehlt Hs. und Ausgaben. — 1396, 1. *was ouch*] *was* Hs. und Ausgaben; *ouch* steht in der Hs. nach *und*.

1397, 1. *vieren*] *vier* Hs. und Ausgaben. — *die* Haupt] *dreyen* Hs., *drî* Ausgaben. — 1397, 3. *gespenge*] *das g.* Hs. und Ausgaben. — 1397, 4. *alsam*] *als* Hs. und Ausgaben.

1399, 3. *der mûre*] *zu der maure* Hs. und Ausgaben. — 1399, 4. *harte* fehlt Hs. und Ausgaben.

1400, 2. *ir*] *wol* Hs. und Ausgaben. — 1400, 4. *weinende stuonden*] *st. w.* Hs. und Ausgaben.

1404, 1. *ersach*] *sach* Hs. und Ausgaben. — 1404, 2. *und saget uns iemen*] *vnd yemand sagt* Hs. — 1404, 4. von V. gebessert.

1406, 4. *lebende* V.] *lebentig* Hs.

1407, 2. *sîn* Z.] fehlt Hs. — *hiew*] *haute* Hs. — 1407, 3. *sîn* H.] *eins* Hs. — *deiz*] *das* Hs. und Ausgaben.

1409, 2. *ins*] *in* Hs. und Ausgaben.

1410, 2. *man*] *man sy* Hs., *mans* Ausgaben. — 1410, 4. *vil raste*] *raste* Ausgaben und Hs.

1411, 1. *der* V.] *die* Hs. — 1411, 3. *leidet*] *leidet ez* Ausgaben und Hs. — 1411, 4. *dringens*] *des dr.* Hs. und Ausgaben.

1412, 2. von E. gebessert.

1413, 1. *weigerliche*] *wackerliche* Ausgaben und Hs.

1415, 1. *liute* habe ich gestrichen: es war wohl Glosse zu *Holzsæzen*. — 1416, 2. *hiew*] *hawet* Hs.

1417, 3. von Haupt (Z. 5, 507) gebessert.

1419, 4. *roubet* E.] *beraubet* Hs.

1420, 2. *iht* H.] *ist* Hs. — 1420, 3. *gemachet*] *het gemachet* Ausgaben und Hs.

1424, 2. *ein* H.] fehlt Hs.

1425, 2. *vil* H.] *die* Hs.

1426, 3. *gebunden*] *ze binden* Ausgaben und Hs.

1427, 3. *hie*] *nu* Hs. und Ausgaben. — *unverscheiden*] *underscheiden* Ausgaben und Hs.

1428, 1. *wol* mit E. gestrichen; ebenso dd. — 1428, 4. *gescheiden niht*] *n. g.* Hs. und Ausgaben.

1429, 1. *daz* V.] *des* Hs. — 1429, 2. *an ein zil*] *on zal* Hs., *âne zil* Ausgaben. — 1429, 3. *verhouwen*] *zerhawen* Hs. und Ausgaben.

1430, 3. *aldû er*] *als er* da Hs. — 1430, 4. *dâ*] *daz* Ausgaben und Hs. — *wunder vil* Haupt (Z. 5, 507)] *vnnder seinem zaichen vil*. 1431, 1. Umgestellt von V. und M. — 1431, 3. *allez*] *al* Hs. und Ausgaben. — 1432, 4. umgestellt von Z. — *wol* habe ich gestrichen. 1433, 4. *sinen handen* V.] *seiner handt* Hs. 1434, 4. *und*] *du* Hs. — *mîner* Haupt] *deiner* Hs. 1435, 4. *lant*] *lande gar* Hs. 1436, 2. von E. umgestellt. — 1436, 4. *nimmer* H.] fehlt Hs. 1437, 1. *einander liefens*] *l. e.* Ausgaben und Hs. — 1437, 2. *die* V.] *dise* Hs. — 1437, 3. von M. gebessert. 1439, 3. *âne* V.] *an* Hs. — 1439, 4. *sich* von mir ergänzt. 1442, 1. *altgrîse*] *alte grise* Ausgaben und Hs. — 1442, 4. *niht lâzen*] *l. n. von* Hs. 1444, 3. *kundes* E] *kunde des* Hs. 1445, 1. *über* Z.] *vnder* Hs. — 1445, 3. *striten*] *gestriten* Ausgaben und Hs. 1448, 2. *lûte weinen*] *lûte* fehlt Hs. 1449, 3. *tumbe* V.] fehlt Hs. Offenbar die richtige Lesart, die zu der fehlerhaften Einschiebung einer Halbzeile im nächsten Verse Anlass gab. — 1449, 4. *schrien lûte*] *l. sch.* Hs. und Ausgaben. 1450, 3. *dem h. strîte*] *den h. striten* Ausgaben und Hs. — 1450, 4. *unze daz*] *vntz* Hs. und Ausgaben. 1451, 2. von V. gebessert. — 1451, 4. *nidere* von mir ergänzt. — Das zweite *von* mit Z. gestrichen. 1452, 2. *mîner*] *immer* Ausgaben und Hs. — 1452, 4. *tuo-schenke*] *tuot-schenket* Ausgaben und Hs. *schenke* ist des Verses wegen nothwendig, denn weder die Kürzung *schenkt* noch die Betonung *met ünde win* ist statthaft.
1453, 2. 3. *sin kundenz hân getân bezzer*] *sy kunden nicht getan pessers* Hs.; *hân* von H. ergänzt. — 1453, 4. *sie sûmde*] *saumet sich* Hs., *sumt sî* V. — *unde mit im*] *mit* Hs.
1454, 3. *in zoget es*] *in zürnet es* Hs., *in zowet es* Haupt. *zouwen* steht fehlerhaft an Stelle von *zogen* in einigen Hss. Nibel. 5298. 6611 Hagen.
1455, 2. *grôz* Z.] fehlt Hs. — 1455, 4. *stuont im*] *im* fehlt Hs. und Ausgaben.
1456, 3. *wærlîche hiute*] *h. werlich vast* Hs. — 1456, 4 *uns* E.] fehlt Hs. — *rêreigen*] *reigen* Ausgaben und Hs.
1457, 4. *i'm keines*] *ich im dhaines* Hs.
1462, 2. *wâ*] *war* Hs. und Ausgaben. — 1462, 4. *et lange sîner friunde*] *et s. fr. l.* Hs. und Ausgaben.

1463, 3. *mugen* V.] *kunnen* Hs. — *niht kêren*] *niht* Ausgaben und Hs. — 1463, 4. *in* E.] fehlt Hs.
1464, 4. *hinder sich ze*] *hinder* Ausgaben und Hs.
1469, 1. *daz* von E. gestrichen. — 1469, 3. *dâ her*] *der herre* Hs und Ausgaben.
1470, 4. *der*] *der recke* Hs. und Ausgaben.
1471, 2. *des edelen*] *des* Hs. und Ausgaben.
1474, 2. *als*] *als ob* Hs. und Ausgaben. — 1474, 3. *sam* E.] *also* Hs. — 1474, 4. *wîten venstern*] *wîten* fehlt Hs. Vgl. 1670, 3.
1475, 3. *hôher* von E. gestrichen. — 1475, 4. *dô rüefen*] *rüefen dô* Ausgaben und Hs.
1477, 2. von Z. umgestellt. — *nâch*] *nahen* Hs. und Ausgaben.
1481, 2. *der* von E. gestrichen. — 1481, 3. von V. umgestellt. — — *eine* V.] *ainen* Hs. — 1481, 4. *ze leide* mit V. gestrichen.
1482, 3. *ich enwære*] *ich wär dann* Hs.
1483, 4. *iemen recken*] *yemand* Hs.
1484, 4. *iu* Haupt] *nu* Hs.
1485, 4. *ûz strîte von*] *von* Hs. Vgl. 1488, 4.
1486, 4. *vor*] *hie vor* Hs.
1488, 4. *ûz*] *ûz dem* Ausgaben und Hs.
1489, 3. *hin entgegene*] *veinde* Hs. — 1489, 4. *sine degene*] *die sine.* Hs. und Ausgaben.
1490, 1. *Ein* V.] *Sein* Hs., *Sîn* Ausgaben. — 1490, 3. *er sprach* Z.] fehlt Hs.
1491, 2. *war* H.] *wo hin* Hs.
1492, 2. *der käene* Z.] fehlt Hs. — 1492, 4. *torste* H] fehlt Hs.
1493, 3. *dar*] *du* Hs., *dô* Ausgaben. — 1493, 4. *vor* — *vor* V.] *von* — *von* Hs.
1494, 4. *von* E. gebessert.
1495, 3. *vil* von E. gestrichen.
1496, 1. *von* E.] *vor* Hs. — 1496, 2. *würfen*] *werffen* Hs.
1497, 2. *volgte*] *volgeten* Hs. — 1497, 3. *besten*] *aller pesten* Hs. und Ausgaben. — 1497, 4. *in der bürge inder* E.] *ynndert*; vgl. 1302, 4.
1499, 3. *joch* Z.] *auch* Hs.
1500, 4. *dâ mite* Haupt] *da* Hs.
1501, 1. *zam*] *gezam* Hs. und Ausgaben. — 1501, 4. *der*] *die* Hs., *diu* Ausgaben. — *dâ manigez* V.] *m. da* Hs.
1503, 2. *den* V.] *der* Hs.
1504, 1. *manigen*] *manigem* Hs. und Ausgaben. — 1504, 2. *sis*] *sy des* Hs. und Ausgaben. — 1504, 4. *dannoch* fehlt Hs. und Ausgaben; E. M. P. ergänzen *grôzen*.

1505, 1. *mîn frou] fraw* Hs. — 1505. 4. von Haupt gebessert.
1506, 3. *wol beliben] lebentig wol b.* Hs., w. l. *bliben* V.; *lebendig* ist Glosse von *beliben*. — 1506, 4. von M. gebessert; *her* E.] fehlt Hs.
1507, 3. *und* von Z. gestrichen. — 1507, 4. *entwichen] nicht entw.* Hs. und Ausgaben. — *si* Z.] *so* Hs. — *verhouwen] zerhouwen* Ausgaben und Hs.
1509, 3. *ir mir* E.] *yemand* H.
1510, 2. *huop] zehannde huob* Hs., *zehant huop* Ausgaben. *zehande* halte ich für eine fehlerhafte Wiederholung von *zenden*. — 1510, 3. *schînenden* Haupt] *sehennden* Hs. — 1510, 4. *von*] *von den* Hs. und Ausg.
1511, 1. *er was* Z.] *was er* Hs. — *was im*] *im* fehlt Hs. und Ausgaben. — 1511, 3. von Z. umgestellt. — 1511, 4. *iht minniclîche*] *minnicliche* fehlt Hs.; vgl. 1529, 4.
1512, 1. *Wan*] *Nun* Hs., *Niwan* Ausgaben. — 1512, 3, *nu wis* fehlt Hs.; *wis* ergänzt Haupt. — 1512, 4. *hie* H.] fehlt Hs.
1513, 3. *diu frouwe K.*] *Chaudrun* Hs. — 1513, 4. *harte* fehlt Hs. und Ausgaben.
1514, 4. *uns armen*] *arme uns* Ausgaben und Hs.
1515, 4. *dô vil manigen* fehlt Hs.; *manigen* ergänzt H.
1516, 3. 4. nach V. gebessert. — 1516, 4. *edele frouwe*] *edele* fehlt Hs. und Ausgaben.
1518, 1. von V. gebessert.
1519, 1. *grimmiclîche*] *grimlich* Hs.
1520, 3. *niht* V.] fehlt Hs. — 1520, 4. *hie* E.] fehlt Hs.
1521, 4. *er sprach* von Z. gestrichen. — *der* H.] *die* Hs.
1523, 1. *des*] *der* Hs., *die* Ausgaben. — *sales* H.] *pales* Hs. —
1523, 3. *het* Haupt] fehlt Hs. — 1523, 4. *vil*] *gar* Hs. und Ausgaben.
1524, 3. *heizent* Haupt] *hayssret* Hs. — 1524, 4. *sô* H.] fehlt Hs.
1525, 4. *ûz*] von Hs. und Ausgaben.
1526, 2. *vil* mit V. gestrichen. — 1256, 4. von E. gebessert.
1530, 3. *er* H.] fehlt Hs. — *ze* von Z. gestrichen. — *der*] *den* Hs. und Ausgaben.
1531, 3. *durch daz*] *dar umb daz* Hs. und Ausgaben. — 1531, 4. *vil guot*] *vil* fehlt Hs. und Ausgaben.
1532, 4. *minneclicher*] *minneclich* Hs., *minnecliche* Ausgaben.
1533, 1. von Z. gebessert. — 1533, 2. *der* V.] *die* Hs. — *daz* mit V. gestrichen. — 1533, 3. von V. gebessert. — 1533, 4. *werden* von Z. gestrichen.
1534, 1. *wurden des*] *des* fehlt Hs. und Ausgaben. — 1534, 3. *betwungen wæren*] *wurn bezwungen* Hs.; *wæren* E.

1535, 4. *diu min*] *dest mynnder* Hs.
1537, 1. von Z. umgestellt.
1539, 2. von H. gebessert. — 1539, 3. *meide* V.] fehlt Hs. —
1539, 4. *et* Z.] fehlt Hs. — Die Umstellung nach Haupt.
1540, 1. *den* E.] fehlt Hs.
1541, 2. *dâ der*] *der* IIs. und Ausgaben. — 1541, 4. *baz dâ von*] *baz* Hs.
1542, 1. *vierzic*] *der vierzic* Ausgaben und Hs. — 1542, 2. *sehs* V.] *sechtzig* Hs. — 1542, 3. *er was* Z.] *war* Hs.
1544, 2. *dâ belîben*] *dâ* fehlt Hs. und Ausgaben. — 1544, 3. *Tenemarken*] *Tenmarche* Hs., *von Tenemarke* Ausgaben.
1546, 1. *die* E.] fehlt Hs. — 1546, 3. *roup* H.] *weib* Hs. — *dâ* von Z. gestrichen. — 1546, 4. das zweite *von* mit E. gestrichen.
1547, 2. *der*] *da* Hs. — 1547, 3. *urliuges*] *ir urliuges* Ausgaben und Hs. — 1547, 4. *dannoch* fehlt Hs. und Ausgaben.
1549, 4. *iu jungelingen*] *jüngelingen* Hs., *iu Hegelingen* Ausgaben.
1550, 4. *stunde* V.] *mal* Hs.
1551, 4. von V. gebessert.
1552, 3. *küener manne*] *küenen mannen* Hs. und Ausgaben.
1555, 3. *dem lande*] *den landen* Ausgaben und Hs.
1556, 2. *und* mit E. gestrichen.
1557, 3. *liezet*] *lâzet* Ausgaben und Hs.
1558, 4. *sîn* mit Haupt gestrichen. — *den bandrn* V.] *dem pande* Hs.
1560, 2. *und* V.] fehlt Hs.
1561, 4. *besunder*] *haymlich b.* Hs. und Ausgaben. *heimlich* ist erklärende Glosse zu *besunder*, wenn auch eine falsche.
1562, 2. *raup* H.] fehlt Hs. — 1562, 4. *den frouwen heim*] *heim* Ausgaben und Hs.
1563, 2. von Haupt gebessert. — 1563, 3. *ir*] *es* Hs., *ez* Ausgaben. — 1563, 4. *der*] *duz der* Hs., *daz* V. P.
1564, 3. *darf* Z.] *bedarff* Hs.
1565, 3. *solz* E.] *solts* Hs. — 1565, 4. von H. umgestellt.
1566, 3. *golt* H.] fehlt Hs.
1567, 2. *niht* H.] fehlt Hs. — *swerz*] *daz wir* Hs., *swer daz* V.
1568, 1. *siz* V.] *sy* Hs.
1569, 1. 2. von H. gebessert.
1570, 4. *dar* Z.] *da* Hs. — *die* H.] fehlt Hs.
1571, 4. *wol* mit Z. gestrichen.
1572, 1. *in*] *nu* Hs. und Ausgaben.
1573, 1. *ûzer*] *ûz* Ausgaben und Hs. — 1573, 2. *in hin*] *in* Hs. und Ausgaben. — 1573, 4. *vor ir frouwen*] *vor ir* fehlt Hs.
1574, 1. *den* E.] fehlt Hs. — 1574, 2. *siner* V.] *ir* Hs.

1575, 4. *sint* Z.] *nein* Hs.
1576, 2. *ir* V.] *ye* Hs. — 1576, 4. *ir* E.] fehlt Hs.
1577, 2. *Waten sin* V.] *Wute sich* Hs. — 1577, 4. *man engebe dir*] *man gebe dir dann* Hs.
1578, 1. *swa ich*] *was ich* Hs. Vgl. 1590, 1. — 1578, 3. *sam tet sin*] *also tet ouch* Hs.
1579, 3. *dise* H.] *die* Hs.
1580, 1. *ern sî mir*] *er sey mir dan* Hs. — 1580, 2. *ist* E.] *sein* Hs. — 1580, 4. von V. gebessert.
1581, 3. *rô vil*] *vil* Ausgaben und Hs.
1582, 4. *haben dine* E.] *haben* Hs., *maget haben* P.
1583, 1. *sân*] *an* Hs, *dan* V., *allezan* Haupt (Z. 5, 507).
1584, 3. *ûzer*] *ûz* V. und Hs., *dar ûz* Z., *diu maget ûz* P. — 1584, 4. *dicke* mit V. gestrichen.
1585, 1 *frou* mit E. gestrichen. — 1585, 2. *bezzer*] *bezzers* Ausgaben und Hs. — 1585, 3. *edel* habe ich gestrichen.
1586, 3. *der* mit Z. gestrichen. — 1586, 4. *rehten* von mir getilgt.
1587, 3. von Z. umgestellt. — 1587, 4. *sît willekomen*] *w. s.* Hs. und Ausgaben. — *alle her ze*] *alle ze* Hs. und Ausgaben.
1588, 4. *bezzisten*] *pesten* Hs. und Ausgaben.
1589, 4. *sol* E.] *solt* Hs.
1590, 1. *tuon* H.] *dien* Hs. — 1590, 2. *kêre* Z.] *kume* Hs.
1591, 3. 4. von H. ergänzt. — *âbende*] *âbendes* Hagen und die andern.
1592, 2. *ouch* von E. gestrichen. — 1592, 3. *golde* Haupt] *walde* Hs. — *wol* fehlt Hs. und Ausgaben.
1595, 3. von E. umgestellt. — 1595, 4. *dem künic* H.] *H. dem künige* Ausgaben und Hs.
1597, 1. *diu frouwe Ortrûn*] *O. fraw* Hs. — *lât et*] *lât* Ausgaben und Hs. — 1597, 3. *halten* Haupt] *behalten* Hs. — 1597, 4. *der siner*] *der* fehlt Hs. und Ausgaben.
1598, 1. *durch* habe ich gestrichen.
1599, 3. *erstæten* Z.] *erstatten* Hs.
1600, 4. *baz dâ*] *dâ* fehlt Hs. und Ausgaben.
1601, 1. von E. umgestellt. — 1601, 2. *nie* V.] fehlt Hs. — 1601, 4. von Z. ergänzt.
1602, 2. *bezzer sît*] *s. b.* Ausgaben und Hs. — 1602, 4. von Z. gebessert.
1603, 3. *luot* V.] *ladet* Hs. — 1603, 4. *werte*] *gewerte* Hs. und Ausgaben.
1605, 2. *ander künige*] *aines anndern küniges* Hs. — 1605, 3. *ir eteslicher*] *yetzlicher* Hs.
1606, 1. *mir* H.] fehlt Hs. — 1606, 4. *krône* V.] *die krone* Hs. Derselbe Fehler in der Hs. Nib. 178. 2794.

1607, 1. *volgtes* E.] *volgrte des* Hs. — 1607, 4. *diu frouwe*] *fraw* Hs. und Ausgaben. — *in ir*] *mit* Hs. — *harte* E.] fehlt Hs.
1609, 1. *êII.*] *er* Hs. — 1609, 2. von mir umgestellt. — *vor* Z.] *von* Hs.
1610, 3. *dar* Z.] fehlt Hs. — 1610, 4. *diu vil schœne II. tete*] *es tet d. v. s. II.* Hs.
1611, 2. *der* von E. gestrichen. — 1611, 4. *schiere sande*] *schiere* fehlt Hs. und Ausgaben.
1614, 1 *daz liut*] *die leut* Hs. — 1614, 4. *man den gesten*] *man* Hs., *man dô* Z. E.
1615, 1. *gœbe*] *gab* Hs. und Ausgaben.
1618, 2. *vil* von E gestrichen. — 1618, 3. *von* Z] *vom* Hs. — 1618, 4. *gie mit im*] *gie* Hs. und Ausgaben.
1619, 3. *freuden*] *freude* Hs. und Ausgaben.
1620, 2. *niht sô* E.] *so nicht* Hs. — 1620, 3. *sô*] *wann* Hs. — 1620, 4. *ir wœn ez*] *vnnd wann es ir* Hs.
1621, 3. *gewünne*] *gewan* Hs. und Ausgaben. — 1621, 4. *du haist mit ir wünne solt sy dir werden ze frawen vnndertan* Hs.; die Herausgeber ändern *solt* in *sol* und streichen *ze frouwen* (E. V) Der Grund der Änderung des Schreibers lag in dem rührenden Reime, den er meiden wollte. Er stellte daher in der zweiten Zeile die Worte um und fügte *undertân* hinzu, um einen Reim zu gewinnen. Daher muß gelesen werden: *sol sin dir ze frouwen | werden, du haist mit ir wünne.*
1622, 3. von Haupt gebessert. — 1622, 4. *jane kunst du bi ir*] *ja k. d. b. ir nymmer* Hs.
1624, 3. *uz Tenelant* fehlt Hs.; *üz Tenelande* V.
1625, 3. *vor*] *von* Hs. und Ausgaben. — *lande*] *landen* Ausgaben und Hs. — *frouwe* E.] fehlt Hs. — 1625, 4. von V. umgestellt. — *hêrliche* fehlt Hs.
1626, 1. *in heimliche*] *heimlichen* Ausgaben und Hs. Vgl. Nib. 544 Hagen, *in heinliche*, wo *d* ebenfalls *in* weglässt. — 1626, 2, *die*] *zu der* Hs. und Ausgaben.
1627, 3. *gewande* E.] fehlt Hs.
1628, 4. *mit den*] *den* Hs., *hie den* E. — *in sende heim* V]. *ich in h. s.* Hs.
1629, 2. *deste baz*] *deste* fehlt Hs. und Ausgaben. — 1629, 4. von Z. umgestellt. — *ze friunde gewinne*] *zu friunden müge gewinnen* Ausgaben und Hs.
1631, 4. *beide* fehlt Hs. und Ausgaben. — 1632, 4. von V. gebessert.
1633, 1. *mirz*] *mir* Hs. und Ausgaben. — 1633, 3. *michz* E.] *es mich* Hs. — 1633, 4. *ichz iht*] *ichs* Hs.
1634, 2. *sprâchen* E.] *sprechen* Hs.
1635, 1. *niwan* E.] *won* Hs. — 1635, 4. *iuch* von Z. gestrichen.

1636, 4. *harte gerne* fehlt Hs; *frou Kûdrûn* ergänzen Z. E. V.
1637, 1. *dir fristen] die friste* Hs. — 1637, 4. mit V. umgestellt.
1638, 3. *und auch* mit Haupt gestrichen. — *nûne mâge dâ heime diuhte] d. h m. m. d.* Hs. — 1638, 4. *wærliche* V.] fehlt Hs. — *gesæhe* Haupt] *sahe* Hs.
1639, 1. *sehœnen* H] fehlt Hs. — 1639, 2. mit V. umgestellt. — 1639, 4. *ninder] nynndert dir* Hs. und Ausgaben.
1640, 3. von Z. umgestellt. — 1641, 3. das erste *ouch* habe ich gestrichen.
1641, 4. *dâ werde] werde* Ausgaben und Hs.
1642, 1. nach V. *ouch* gestrichen. Vielleicht aber ist *und lobet ez* eine fehlerhafte Wiederholung: *auch an ir hent* ist dann entstellt aus *in an irer hant.* — 1642, 2. *swie schiere] wie* Hs., *swie* Ausgaben.
1643, 4. *Karadê] Karadie* Hs. und Ausgaben.
1644, 1. *wart] gejürget ward* Hs., als Glosse zu betrachten. So bessert auch E.
1644, 3. *uzer Tenelande] aus Tennemarche lannde* Hs.
1646, 1. *wer* Z.] fehlt Hs. — *süenen* Z.] *versuenen* Hs. — 1646, 4. *wande] rnd* Hs., *wan* V. — *eine* E.] *allaine* Hs. — *alle* E.] *allen* Hs.
1648, 4. *Kûdrûn* V.] *Hilde* Hs. — *mit* V.] *in* Hs.
1649, 4. *gar von in] von ir* Hs., *ron ir gar* E.
1650, 2. *ietweder] ietwederz* Ausgaben und Hs.
1651, 1. *diu H.] diu* fehlt Hs. und Ausgaben; ebenso 1653, 1. — *lieber* mit V. gestrichen.
1652, 4. *es* V.] *sein* Hs.
1653, 4. *iuz] iuchs* Hs., *iuchs* Z. E.; *ichs iuch* V.
1655, 2. *der* V.] *die* H. — 1655, 3. *er mit in rîten | bat] pat er mit in reiten* Hs. — 1655, 4. *vorten] gewrrten* Hs. und Ausgaben.
1656, 4. *recken* V.] *helde* Hs.
1658, 3. *si fuoren] fueren* Hs.
1659, 3. *frouwen] den fueren* Hs., *den frouwen* H. und die andern. — 1659, 4. *verbrennet wære] war verprennet* Hs.
1660, 2. von Z. umgestellt. — 1660, 4. *hôrte] hort wol* Hs. und Ausgaben.
1661, 1. *rîche* H] fehlt Hs. — 1661, 3. *wer* V.] *welhe* Hs. — 1661, 4. *hie mite sô] sô* fehlt Hs. und Ausgaben.
1663, 4. *vil* Z.] fehlt Hs.
1666, 2. von H. gebessert. — 1666, 4. *vieren] vier* Hs. und Ausgaben.
1667, 3. *hôchzite] hochzeit* Hs. — 1667, 4. *ze* V.] *vor* Hs. — *dâ ûf] ûf* Ausgaben und Hs.
1668, 3. *helde] recken* Hs. und Ausgaben. — 1668, 4. *vil schefte hôrt man] m. h. vil sch.* Hs. und Ausgaben. — *recken] helde* Ausgaben und Hs.

1669, 1. *windes*] *wint* Hs. und Ausgaben. — 1669, 3. von E. umgestellt. — 1669, 4. *dû* mit V. gestrichen.
1671, 3. *an dem*] *unz an den* Hs. und Ausgaben. — *zîte*] *zîten* Ausgaben und Hs. — 1671, 4. *dô*] *als* Hs. und Ausgaben.
1672, 2. *hande* H.] fehlt Hs.
1673, 2. *vil wol* H.] fehlt Hs. — 1673, 4. *in Z.*] *den varenden* Hs.
1674, 2. von Z. gebessert.
1675, 3. *den*] *disen* Hs. und Ausgaben. — 1675, 4. *dô daz sach*] *daz sach dô* Ausgaben und Hs.
1677, 3. *zuo*] *ze* Hs. und Ausgaben.
1678, 3. *als niht*] *ob er niht* Ausgaben und Hs
1680, 4. *wæn* V.] *wanet* Hs.
1681, 1. *kameren* H.] *kamerære* Z. und Hs. — 1681, 3. *dem diu küniginne*] *daz im die junge künigin* Hs. und Ausgaben. — 1681, 4. *silber unde wât*] *wat* Hs.
1682, 1. *den von den*] *den* Hs. *den von* Ausgaben.
1684, 1. *strin* V.] *gestain* Hs. 1684, 3. *Abuli*] *Abagy* Hs. *Alakie* Z. E. — 1684, 4. *Waten* V.] *Wate* Hs. — *holden* E.] *helde* Hs.
1685, 2. *dem küenen*] *dem* Hs., *deme* Ausgaben.
1686, 4. *sô* von Z. gestrichen.
1687, 1. *ein* von E. gestrichen. — 1687, 2. *wol* von E. gestrichen. — 1687, 3. *sîner* E.] *seine* Hs. — 1687, 4. *es*] *sein* Hs.
1688, 2. *ouch* H.] fehlt Hs.
1689, 1. *in* E.] *im* Hs.
1690, 3. *gesâhen ein ander selden*] *s. g. an einander* Hs.
1691, 3. *ûz* V.] *von* Hs. — 1691, 4. *von* V. umgestellt. — *heim* fehlt Hs. und Ausgaben.
1692, 3. *freuten*] *freut dâ* Ausgaben und Hs. — *diete*] *diet* Hs und Ausgaben. — 1692, 4. *freuden dâ beriete*] *beriet* Hs. und Ausgaben.
1695, 3. *noch deheine*] *noch* Hs. — 1695, 4. *Karadê dem lande*] *Karadie in dem lande* Hs. und Ausgaben.
1696, 4. *der* V.] *die* Hs.
1699, 3. *sehen des jâres*] *d. j. s.* Hs. — 1699, 4. *ich sus*] *ich* Hs. und Ausgaben. — *nimmer* E.] *ymmer* H.
1700, 3. *ûzer Matelâne*] *aus Matelanes* Hs.
1702, 2. *beliben*] *warn* Hs., *wæren* Ausgaben. — 1702, 3. von V. gebessert.
1704, 4. *siz*] *sis* Ausgaben. — *immer* V.] *nymmer* Hs.
1705, 1. *beide samt*] *bride ensamt* Ausgaben und Hs.